100 Grillrezepte

100 Grillrezepte

Die besten Ideen für einen gelungenen Grillabend

Parragon

Bath · New York · Singapore · Hong Kong · Cologne · Delhi · Melbourne

Love Food is an imprint of Parragon Books Ltd

Fotos: Günter Beer
Fachberatung: Stevan Paul
Layout: Talking Design
Einleitungstext: Anna Brandenburger

Parragon Books Ltd
Queen Street House
4 Queen Street
Bath BA1 1HE, UK

Übersetzung: Lisa Heilig, Köln
Satz und Projektmanagement: trans texas publishing, Köln

ISBN 978-1-4075-9702-7
Printed in China

Sofern die Schale von Zitrusfrüchten benötigt wird, verwenden Sie unbedingt unbehandelte Früchte.
Sind Zutaten in Löffeln angegeben, ist immer ein gestrichener Löffel gemeint: Ein Teelöffel entspricht 5 ml, ein Esslöffel 15 ml.
Sofern nicht anders angegeben, wird Vollmilch (3,5 % Fett) verwendet.
Es sollte stets frisch gemahlener schwarzer Pfeffer verwendet werden.
Bei Eiern und einzelnen Gemüsesorten, z. B. Kartoffeln, verwenden Sie mittelgroße Exemplare.
Kinder, ältere Menschen, Schwangere, Kranke und Rekonvaleszenten sollten auf Gerichte mit rohen oder nur leicht gegarten Eiern verzichten.
Die angegebenen Zeiten können von den tatsächlichen leicht abweichen, da je nach verwendeter Zubereitungsmethode und vorhandenem Herdtyp Schwankungen auftreten.

INHALT

Einleitung

Sie wissen, dass es Sommer wird, wenn der wunderbare Geruch von Holzkohle und gegrilltem Fleisch durch die Gärten und Parks weht. Wenn die Tage länger und sonniger werden, zieht es uns alle ins Freie.

Grillen im Familienkreis oder mit Freunden ist ideal, wenn es zu warm ist, um in der Küche am Herd zu stehen, oder wenn Sie gleichzeitig bei Ihren Lieben sein möchten, während Sie das Essen zubereiten.

Grillen bedeutet Genuss. Sogar die einfachsten Würstchen verwandeln sich auf dem Grill in knusprig-knackige Köstlichkeiten. Der Geruch von Gegrilltem steigert den Appetit, und an der frischen Luft schmeckt sowieso alles noch viel besser!

Für einen Grill brauchen Sie nicht viel Platz – sollten Sie im Garten, auf der Terasse oder im Hinterhof ein Plätzchen frei haben, können Sie dort bequem Ihren Grill aufstellen. Kleine Grills können Sie auch mit an den Strand oder in den Campingurlaub nehmen.

Neben Koteletts, Steaks, Burgern und Spießen finden Sie in diesem Buch viele köstliche Extras wie Salate, Saucen und Desserts. Servieren Sie dazu erfrischende Cocktails mit oder ohne Alkohol, und die Party kann beginnen!

Vorbereitung

Einen Grill aussuchen

Es gibt so viele Grillmodelle, dass die Entscheidung nicht immer leicht fällt. Das Angebot reicht vom Einweggrill aus Aluminium bis hin zu luxuriösen Gasgrills. Bevor Sie sich einen Grill anschaffen, sollten Sie darüber nachdenken, wie oft und wo Sie hauptsächlich grillen möchten. Wenn Sie Ihren Grill nur an ein paar Sommerwochenenden nutzen, denken Sie nicht zu groß! Sollten Sie jedoch oft grillen, ist ein kleiner Holzkohlegrill nicht ausreichend. Sie sollten dann über einen gemauerten Grill nachdenken, sofern genügend Platz vorhanden ist.

Eine weitere Frage ist die nach der Beheizungsart: Kohle-, Elektro- oder Gasgrill? Puristen schwören natürlich auf Holzkohle, denn nur das Ritual des Anglühens und das Holzkohlearoma des Grillguts bilden für sie das wahre Grillerlebnis. Schneller geht es mit Gas- oder Elektrogrills, die sich vor allem dann empfehlen, wenn Sie Ihre Nachbarn nicht mit dem Rauch belästigen wollen.

Holzkohlegrills

Der **Kugelgrill** ist ein runder Grill mit Glockendeckel, der die Hitze sehr gut halten kann. Dadurch eignet er sich hervorragend dazu, größere Fleischstücke und Geflügel im Ganzen zu grillen. Mit dem Deckel können Sie auch das Grillgut schützen, falls ein kurzer Regenschauer just zur falschen Zeit kommt.

Flachgrills haben meist eine große Grillfläche und gelegentlich auch mehrere höhenverstellbare Roste. Das ist praktisch, wenn größere Mengen Grillgut auf dem Rost liegen. Das fast fertig gegarte Grillgut kann dann auf einem höheren Rost zu Ende gegrillt werden.

Gemauerte Grills sind ideal, wenn Sie einen großen Garten haben und häufig grillen. Sie können nach eigenen Vorstellungen aus Ziegelsteinen und einem einfachen Metallrost gebaut werden. Im Baumarkt gibt es aber auch komplette Bausätze.

Tragbare Holzkohlegrills gibt es in vielen Formen. Sie können zum leichteren Transport zusammengeklappt werden. Meist haben sie auch ein zusammensteckbares Gestell, sodass nicht auf der Erde gegrillt werden muss.

Einweggrills sind sehr günstig in Supermärkten und an Tankstellen erhältlich. Es gibt sie in verschiedenen Größen. Sie sind perfekt für Picknicks und Ausflüge, da sie einfach in der Handhabung sind und die Glut in wenigen Minuten erzeugt werden kann. Da sie allerdings auch nicht sehr lange anhält, sollten nur Zutaten, die schnell gegart werden können, auf diesen Grill kommen.

Gasgrills

Gasgrills reichen von schlichten Geräten mit kleiner Gaskartusche bis hin zu luxuriösen Grillstationen mit einzeln regulierbaren Brennern, Lavasteinfläche, Warmhalte- und Ablageflächen und Spießgarnituren. Die Auswahl ist riesig und die Ausstattung richtet sich nach der Summe, die man investiert.

Tragbare Gasgrills sind eine prima Methode, um außer Haus zu grillen. Die mit einer kleinen Gaskartusche beheizten Grills sind schlicht und kompakt, wenn auch nicht ganz leicht im Gewicht. Sie sind ebenso einfach zu bedienen wie ihre größeren Verwandten.

Brennmaterial

Grillbriketts sind das meistverwendete Brennmaterial für Holzkohlegrills. Sie werden aus Hartholzstaub gepresst und enthalten manchmal chemische Stoffe, die das Anglühen erleichtern. Grillbriketts brauchen länger zum Durchglühen, geben dafür aber stärker, länger und gleichmäßiger Hitze ab.

Hartholzkohle ist unter Sauerstoffentzug verkohltes Holz ohne weitere Zusätze. Sie ist schneller durchgeglüht als Briketts, hält die Hitze aber nicht so lange. Sie eignet sich deshalb für kleinere Mengen Grillgut mit relativ kurzer Garzeit.

Holzchips werden im Allgemeinen aus Harthölzern gewonnen. Sie verlieren schneller an Hitze als Kohle, weshalb sie nur für kleine Grillmengen zu empfehlen sind. Manche Holzchips sind besonders aromatisch, beispielsweise aus Hickory- oder Mesquite-Holz, und verleihen dem Grillgut ihr besonderes Aroma. Allerdings ist es nicht immer ganz einfach, Holzchips zu entzünden. Wenn sie 30–60 Minuten in Wasser eingeweicht werden, verglühen sie eher, als dass sie verbrennen.

Grillgut direkt und nur über **Holz** zu grillen, ist etwas anspruchsvoller. Denn Holz brennt für eine kurze Zeit sehr stark und verglüht dann relativ schnell. Vermeiden Sie unbedingt harzreiche Hölzer! Besonders empfiehlt sich Apfel-, Eichen- oder Kirschholz, das gut brennt und wenig qualmt.

Gasgeräte werden mit **Propan-** oder **Butangas** aus Kartuschen oder Flaschen betrieben, die im Allgemeinen unter dem Grill platziert werden. Lagern Sie Gasflaschen draußen, geschützt vor direkter Sonneneinstrahlung und Frost. Horten Sie nie größere Gasvorräte.

Tipps zum Anglühen

Wenn Sie ein paar einfache Regeln beachten, ist es gar nicht schwer, einen Holzkohlegrill anzuzünden.

Die Holzkohle sollte trocken und möglichst luftdicht aufbewahrt werden, damit sie besser anbrennt. Schichten Sie die Kohle pyramidenförmig in der Mitte des Grills auf. Falls Sie einen Flüssiganzünder verwenden, gießen Sie ihn über die Kohle und lassen sie ihn einige Minuten einsickern. Anzünderwürfel sollten im mittleren Drittel der Kohlepyramide platziert werden. Verwenden Sie extralange Streichhölzer, um den Grill zu entzünden. Nach etwa 30 Minuten sollte sich eine schöne Glut entwickelt haben. Die Kohle sollte rot bis orange glühen und mit einer feinen weißen Ascheschicht überzogen sein. Nun kann die Kohle gleichmäßig auf dem Grill verteilt und der Grillrost eingesetzt werden.

Wenn Sie über Holz grillen, folgen Sie einem ähnlichen Prinzip wie bei der Holzkohle. Zum Entzünden empfehlen sich Grillanzünderwürfel, die zwischen die zu einer Pyramide zusammengestellten Holzscheite gesteckt werden. Sobald die Flammen kleiner werden und das Holz glüht, können die

Scheite gleichmäßig auf dem Grillboden verteilt und der Rost eingesetzt werden.

Gasgrills sind am einfachsten zu bedienen. Je nach Modell gibt es mehrere Sicherheitsventile und Brenner. Folgen Sie den Anweisungen des Herstellers. Es empfiehlt sich, den Grill auf höchster Stufe vorzuheizen und dann nach Bedarf die Hitze zu verringern. Öffnen Sie zunächst die Grillhaube, dann das Gasventil. Lassen Sie die Gaskammern 2–3 Sekunden volllaufen, dann betätigen Sie den Zünder.

Nützliche Helfer

Es gibt unendlich viele Grillutensilien, doch nur wenige sind wirklich notwendig:

Die **Grillzange** ist das wohl wichtigste Grillutensil. Kaufen Sie ein stabiles Modell, mit dem sich das Grillgut gut greifen lässt.

Mit einem **Küchenpinsel** kann das Grillgut während des Garens mit Marinade oder Öl bestrichen werden.

Holz- oder Metallspieße sind ideal zum Aufspießen von kleinem Grillgut, das andernfalls durch den Rost fallen würde. Holzspieße sollten immer erst 30 Minuten in kaltem Wasser eingeweicht werden, damit sie nicht Feuer fangen.

Grillkörbe erleichtern das Garen von Grillgut, das leicht zerfallen könnte, wie Fisch oder Burger. Kleineres Grillgut kann darin auf einmal gewendet werden.

Ein **Grillspray** kann zum Einfetten des Rosts oder einer Grillplatte benutzt werden, damit das Grillgut nicht daran haften bleibt.

Eine **Grill-Reinigungsbürste** aus Draht ist nützlich, um nach dem Grillen Fett und andere Rückstände zu entfernen, am besten solange der Rost noch warm ist.

Außerdem können **Grillhandschuhe**, ein **langstieliger Wender** oder ein **Fleischthermometer** sehr nützlich sein.

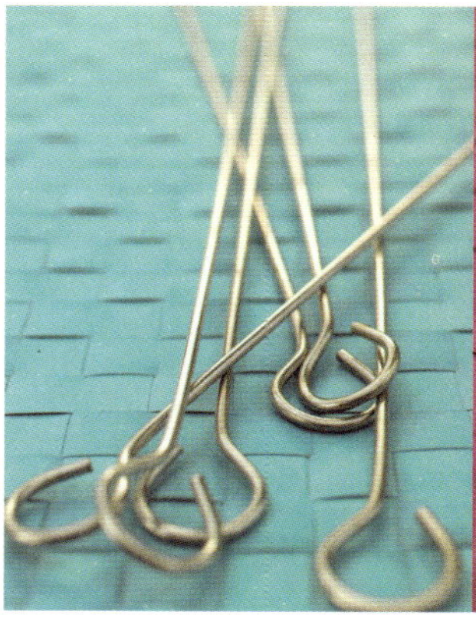

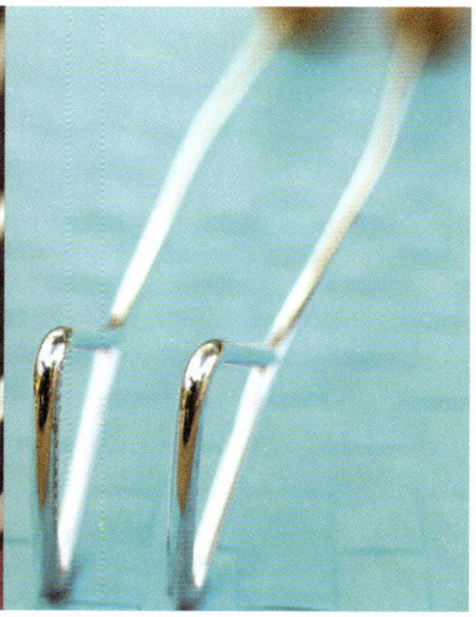

Tipps zum sicheren Grillen

Wichtig ist, dass der Grill auf ebenem Grund steht, sodass er nicht wackelt oder umfallen kann. Der Grill sollte in ausreichender Entfernung zu Häusern, Schuppen, Hecken oder Ästen stehen. Bei windgeschützter Position entwickelt sich die Glut gleichmäßiger und der Rauch zieht nach oben ab. Stellen Sie einen Eimer mit Wasser in die Nähe des Grills und lassen Sie ihn nie ohne Aufsicht!

Nach dem Grillen sollte die Glut vollständig erloschen und der Grill erkaltet sein. Kalte Holzkohlenasche kann dann im Hausmüll entsorgt werden.

Für ein gesundes Grillen beachten Sie folgende Punkte zur richtigen Lagerung, Vor- und Zubereitung des Grillguts:

- Alle tiefgekühlten Lebensmittel müssen zunächst vollständig aufgetaut werden.
- Rohes Fleisch, Geflügel und Fisch sollte in luftdicht schließenden Gefäßen im Kühlschrank aufbewahrt werden. Für eine große Grillparty oder ein Picknick lagern Sie Fleisch in einer Kühlbox.
- Verwenden Sie unterschiedliche Schneidebretter und Messer für rohe und gegarte Lebensmittel.
- Halten Sie das rohe und das fast durchgegarte Fleisch auf dem Grillrost immer getrennt.
- Geflügel sollte immer nur ganz durchgegart serviert werden. Es darf innen nicht mehr rosa sein.
- Überfüllen Sie den Grill nicht. Zwischen den Grillstücken sollten immer mehrere Zentimeter Platz bleiben.
- Grillgut wie Fleisch, Geflügel oder Fisch sollte während der letzten Minuten auf dem Grill nicht mehr mit derselben Marinade bestrichen werden, in der es auch roh eingelegt war. Keime und Bakterien können sonst nicht mehr von der Hitze abgetötet werden.

Tipps für eine perfekte Grillparty

Ein Grillabend sollte entspannt und ungezwungen sein. Einige Vorbereitungen helfen dabei, dass alles reibungslos verläuft.

Tipps und Anregungen:

- Halten Sie genügend Teller, Gläser und Besteck bereit. Wenn Ihr normales Besteck nicht ausreicht, ist es immer sinnvoll, noch ein paar Pappteller und Plastikbesteck in Reserve zu haben.
- Stellen Sie Cracker und Snacks in Schalen auf mehreren Tischchen bereit. So verteilen sich Ihre Gäste besser im Garten/Hof und stehen nicht auf einem Fleck zusammen.
- Stellen Sie einen großen Eiskübel auf, in dem Sie gekühlte Getränke bereitstellen. So können sich Ihre Gäste selbst mit Getränken versorgen und Sie müssen nicht immer nachschenken. Denken Sie unbedingt an Flaschenöffner und Korkenzieher!
- Kaufen oder leihen Sie sich Spiele für Ihre kleinen Gäste. So sind auch sie beschäftigt und haben noch mehr Spaß.
- Beim Essen an der frischen Luft ist der Hunger immer größer. Berechnen Sie die Portionen sehr großzügig.
- Bereiten Sie 2–3 Hauptgerichte vor, ebenso wie reichlich Salat und aufgeschnittenes Brot.
- Denken Sie unbedingt an fleischfreie Speisen, wenn Sie auch Vegetarier bewirten.
- Wenn Sie eine größere Zahl an Gästen erwarten und der Grill nicht groß genug ist, um alles gleichzeitig zu grillen, garen Sie Fleisch, Fisch oder Gemüse im Backofen vor. Dann brauchen Sie alles nur noch auf dem Grill fertig zu garen, bis es knusprig und wieder heiß ist.

Countdown zur großen Grillparty:

1 Woche im Voraus

- Wenn Sie einen Gasgrill haben, überprüfen Sie, ob noch ausreichend Gas in der Flasche ist und die Ventile funktionieren. Bei einem Holzkohlegrill sollten Sie noch ausreichend Kohle oder Briketts sowie Grillanzünder haben.
- Mieten oder leihen Sie sich genügend Gläser, Teller und Besteck, falls nötig.
- Gehen Sie Ihre Gästeliste durch und streichen Sie die Gäste, die nicht geantwortet haben.
- Bringen Sie in Erfahrung, ob es Gäste mit Einschränkungen bei der Ernährung gibt und stellen Sie Ihre Auswahl entsprechend zusammen.
- Kaufen Sie nicht verderbliche Lebensmittel wie Getränke, Chips, Saucen und Relishes.
- Prüfen Sie den Zustand Ihrer Gartenmöbel und reinigen Sie sie. Haben Sie ausreichend Stühle, Tischdecken, Servietten, Servierplatten und Schüsseln?
- Findet Ihre Party abends statt, besorgen Sie (Antiinsekten-) Kerzen, Fackeln oder Lampions.

1 Tag im Voraus

- Kaufen Sie Fleisch, Geflügel, Fisch, frisches Obst und Gemüse.
- Marinieren Sie Fleisch, Geflügel oder Fisch und bereiten Sie Beilagen und Saucen vor. Beginnen Sie mit der Zubereitung von Desserts, soweit möglich.
- Schaffen Sie Platz im Kühlschrank für Getränke und Salate.
- Bringen Sie Ihren Garten/Hof in Ordnung und wässern Sie Blumen und Rasen gründlich.

Am Partytag

- Kaufen Sie Eiswürfel und füllen Sie sie in einen großen Behälter, um Getränke zu kühlen und Platz im Kühlschrank zu schaffen.
- Bereiten Sie die Salate zu (das Dressing wird erst kurz vor dem Servieren zugegeben) und vollenden Sie die Beilagen und Desserts.

1 Stunde im Voraus

- Bereiten Sie den Grill zum Anzünden vor.
- Nehmen Sie eingelegtes Fleisch aus dem Kühlschrank, sodass es Zimmertemperatur erhält.

Barbecue-Klassiker

Eine beliebte Grillspezialität

Beschwipste Rindersteaks

Für 4 Personen

4 Rindersteaks
4 EL Whisky oder Weinbrand
2 EL Sojasauce
1 EL dunkler Muskovado-Zucker
Pfeffer
2 Tomaten, in Scheiben geschnitten
frische Petersilie, zum Garnieren
Knoblauchbaguette, zum Servieren (s. S. 152)

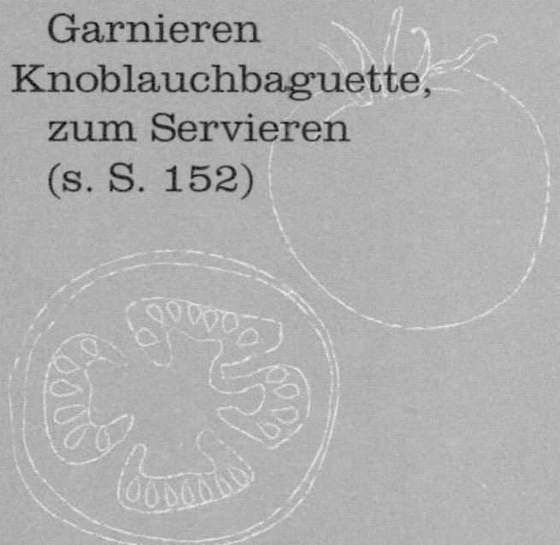

Steakränder mit Schwarte mehrmals einschneiden, damit sie sich beim Grillen nicht nach oben wölben. Die Steaks in eine Schüssel geben.

Whisky, Sojasauce, Zucker und Pfeffer in einer Schale verrühren, bis sich der Zucker aufgelöst hat. In die Schüssel gießen und die Steaks darin wenden. Abdecken und 2 Stunden im Kühlschrank marinieren.

Den Grill vorheizen. Die Steaks über starker Glut 2 Minuten von jeder Seite grillen. Dann über schwacher bis mittlerer Glut weitere 4–10 Minuten bis zur gewünschten Garstufe rösten.

Die Tomatenscheiben 1–2 Minuten grillen. Steaks und Tomaten auf vorgewärmte Teller geben. Mit Petersilie garnieren und mit Knoblauchbaguette servieren.

Grillsteak-Fajitas

Für 4 Personen

650 g Rumpsteak am Stück, etwa 2 cm dick
4 große Weizen-Tortillas
1 Avocado, in dünne Scheiben geschnitten
2 Tomaten, in dünne Scheiben geschnitten
4 EL saure Sahne
4 Frühlingszwiebeln, in feine Ringe geschnitten

Marinade
2 EL Sonnenblumenöl, plus etwas mehr zum Einfetten
fein abgeriebene Schale von 1 Limette
1 EL Limettensaft
2 Knoblauchzehen, zerdrückt
¼ TL gemahlener Koriander
¼ TL gemahlener Kreuzkümmel
1 Prise Zucker
Salz und Pfeffer

Für die Marinade alle Zutaten in einer großen Schüssel verrühren und das Fleisch darin wenden. Die Schüssel abdecken und für mindestens 6 Stunden oder über Nacht im Kühlschrank marinieren. Dabei das Fleisch gelegentlich wenden.

Den Grill vorheizen und den Rost einölen. Das Rumpsteak aus der Marinade nehmen und auf mittlerer Glut 5 Minuten blutig oder 8–10 Minuten medium grillen. Dabei das Steak ein- bis zweimal mit der restlichen Marinade bestreichen.

Die Tortillas nach Packungsanweisung erwärmen.

Das Rumpsteak gegen die Faser in feine Streifen schneiden und auf den Tortillas verteilen. Avocado- und Tomatenscheiben sowie etwas saure Sahne daraufgeben und mit den Frühlingszwiebeln bestreuen. Die Tortillas zusammenklappen und sofort servieren.

Ein Barbecue-Klassiker neu interpretiert

Thymianwürstchen

Für 4 Personen

1 Knoblauchzehe, fein gehackt
1 Zwiebel, gerieben
1 frische rote Chili, entkernt und fein gehackt
500 g mageres Schweinemett
50 g Mandeln, geröstet und gemahlen
50 g frische Semmelbrösel
1 EL frisch gehackter Thymian
Salz und Pfeffer
Mehl, zum Bestäuben
Pflanzenöl, zum Einfetten

Zum Servieren
Baguettebrötchen
Salatblätter
blanchierte Zwiebelspalten
Tomatenketchup und Senf

Knoblauch, Zwiebel, Chili, Schweinemett, Mandeln, Semmelbrösel und Thymian in eine große Schüssel geben. Mit Salz und Pfeffer würzen und sorgfältig vermengen.

Aus der Masse kleine Würstchen formen, diese leicht über etwas Mehl rollen und auf einen Teller legen. Abdecken und 45 Minuten im Kühlschrank ziehen lassen.

Den Grill vorheizen. Ein Stück Alufolie mit Öl einfetten. Die Würstchen darauflegen und ebenfalls mit Öl bestreichen. Die Folie auf den Rost heben.

Die Würstchen unter häufigem Wenden über starker Glut etwa 15 Minuten grillen, bis sie durchgegart sind. In Baguettebrötchen mit Salat, Zwiebeln, Ketchup und Senf servieren.

Diese Rippchen zergehen auf der Zunge.

Würzige Rippchen

Für 4 Personen

1 kg Schweinerippchen, tranchiert

Gewürzpaste
1 Zwiebel, gehackt
2 Knoblauchzehen, gehackt
2,5-cm-Stück Ingwerwurzel, in feine Scheiben geschnitten
1 frische rote Chili, entkernt und gehackt
5 EL dunkle Sojasauce
3 EL Limettensaft
1 EL Palm- oder Muskovado-Zucker
2 EL Erdnussöl
Salz und Pfeffer

Für die Gewürzpaste alle Zutaten im Mixer oder mit dem Pürierstab zu einer Paste verarbeiten.

Den Grill vorheizen. Die Rippchen in einen Wok oder eine große Pfanne geben, mit der Gewürzpaste übergießen und zum Kochen bringen. Die Hitze reduzieren und unter häufigem Rühren 30 Minuten köcheln lassen. Falls die Gewürzmischung zu schnell verdampft, etwas Wasser zugießen.

Die Rippchen aus dem Wok nehmen und die Gewürzpaste in eine Schale füllen. Die Rippchen über mittlerer Glut 20 Minuten unter häufigem Wenden grillen. Dabei mehrmals mit der Gewürzpaste bestreichen. Auf eine Servierplatte geben und sofort servieren.

Schweinefleisch mit leckerer Honigglasur

Glasierte Koteletts

Für 4 Personen

4 magere Schweine-koteletts
Salz und Pfeffer
Sonnenblumenöl, zum Einfetten

Glasur
4 EL Honig
1 EL trockener Sherry
4 EL Orangensaft
2 EL Olivenöl
2,5-cm-Stück Ingwer-wurzel, gerieben

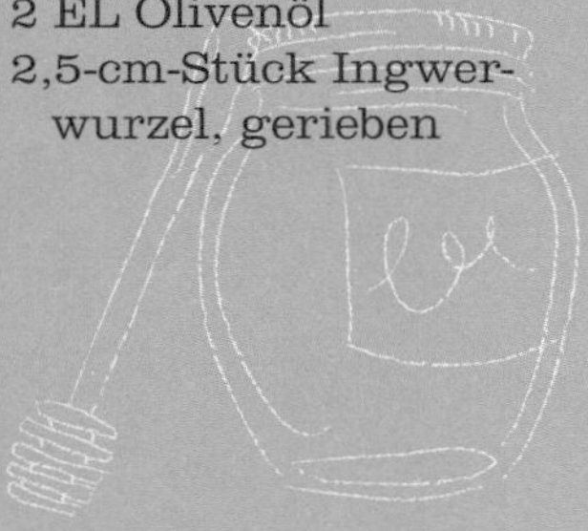

Den Grill vorheizen und den Rost einfetten. Die Koteletts salzen und pfeffern.

Für die Glasur alle Zutaten in einen kleinen Topf geben und unter ständigem Rühren erhitzen, bis sich der Honig aufgelöst hat.

Die Koteletts über starker Glut von jeder Seite 5 Minuten grillen. Mit der Glasur bestreichen und weitere 2–4 Minuten von jeder Seite grillen. Dabei noch einmal mit der Glasur bestreichen.

Die Koteletts auf eine vorgewärmte Platte geben und sofort servieren.

Die würzig-scharfe Marinade gibt dem Lamm das gewisse Etwas.

Würzige Lammsteaks

Für 4 Personen

4 Lammsteaks (à 175 g)
8 frische Rosmarinzweige
8 frische Lorbeerblätter
2 EL Olivenöl

Marinade
2 EL Sonnenblumenöl
1 große Zwiebel, fein gehackt
2 Knoblauchzehen, fein gehackt
2 EL Jerk-Gewürzmischung (s. S. 39)
1 EL Currypaste
1 TL frisch geriebener Ingwer
400 g gehackte Tomaten aus der Dose
4 EL Worcestersauce
3 EL heller Muskovado-Zucker
Salz und Pfeffer

Für die Marinade das Öl in einem Topf erhitzen. Zwiebel und Knoblauch zugeben und andünsten. Jerk-Gewürzmischung, Currypaste und Ingwer zugeben und unter ständigem Rühren 2 Minuten garen. Tomaten, Worcestersauce und Zucker zufügen. Mit Salz und Pfeffer abschmecken und zum Kochen bringen. Die Hitze reduzieren und 15 Minuten köcheln lassen, bis die Marinade andickt. Den Topf vom Herd nehmen und auskühlen lassen.

Die Lammsteaks vorsichtig etwas flach klopfen. Die Marinade in eine große Auflaufform gießen und die Steaks mehrmals darin wenden. Abdecken und 3 Stunden im Kühlschrank marinieren.

Den Grill vorheizen. Das Fleisch aus der Auflaufform heben und die Marinade aufbewahren. Die Steaks über mittlerer Glut 5–7 Minuten auf jeder Seite grillen, dabei häufig mit der Marinade bestreichen. Rosmarin und Lorbeerblätter in das Olivenöl tauchen und 3–5 Minuten grillen. Die Lammsteaks sofort mit den gegrillten Kräutern servieren.

Zarte Lammkoteletts mit erfrischender Minze

Lammkoteletts mit Minzejoghurt

Für 6 Personen

6 Lammkoteletts (à 175 g)
150 g Naturjoghurt
2 Knoblauchzehen, fein gehackt
1 TL frisch geriebener Ingwer
¼ TL Koriandersamen, zerdrückt
Salz und Pfeffer
1 EL Olivenöl, plus etwas mehr zum Einfetten
1 EL Orangensaft
1 TL Walnussöl
2 EL frisch gehackte Minze

Die Lammkoteletts in eine große Schüssel geben. Die Hälfte des Joghurts, Knoblauch, Ingwer und Koriander in einer Schüssel verrühren und mit Salz und Pfeffer abschmecken. Die Mischung über das Fleisch gießen. Abdecken und 2 Stunden im Kühlschrank marinieren. Dabei das Fleisch gelegentlich wenden.

Den Grill vorheizen. Den restlichen Joghurt, Olivenöl, Orangensaft, Walnussöl und Minze in einer Schüssel verrühren. Mit Salz und Pfeffer abschmecken. Die Schüssel abdecken und bis zum Gebrauch im Kühlschrank aufbewahren.

Die Koteletts abtropfen lassen, die Marinade entfernen und das Fleisch mit Olivenöl bestreichen. Über mittlerer Glut 5–7 Minuten von jeder Seite grillen. Sofort mit dem Minzejoghurt servieren.

Diese Hähnchenkeulen werden alle begeistern.

Cajun-Chicken

Für 4 Personen

4 Hähnchenkeulen, zerlegt in Ober- und Unterkeule
2 Maiskolben, in Stücke geschnitten
80 g Butter, zerlassen

Gewürzmischung
2 TL Zwiebelpulver
2 TL Paprika
1½ TL Salz
1 TL Knoblauchpulver
1 TL getrockneter Thymian
1 TL Cayenne-Pfeffer
1 TL gemahlener schwarzer Pfeffer
½ TL gemahlener weißer Pfeffer
½ TL gemahlener Kreuzkümmel

Den Grill vorheizen. Mit einem Messer die Haut der Hähnchenkeulen jeweils zwei- bis dreimal diagonal einritzen und zusammen mit den Maiskolben in eine Schüssel geben.

Für die Gewürzmischung alle Zutaten sorgfältig mischen. Keulen und Maiskolben mit der Butter übergießen, mit der Gewürzmischung bestreuen und gut wenden.

Die Keulen über mittlerer Glut etwa 25 Minuten bei gelegentlichem Wenden grillen. Die Maisstücke nach 10 Minuten mit auf den Rost legen und goldbraun grillen. Auf vorgewärmten Tellern anrichten und sofort servieren.

Selbst gemacht schmeckt's immer noch am besten.

Würzige Chickenwings

Für 4 Personen

16 Hähnchenflügel
4 EL Sonnenblumenöl, plus etwas mehr zum Bestreichen
4 EL helle Sojasauce
5-cm-Stück Ingwerwurzel, grob gehackt
2 Knoblauchzehen, grob gehackt
Saft und abgeriebene Schale von 1 Zitrone
2 TL gemahlener Zimt
2 TL gemahlene Kurkuma
4 EL Honig
Salz und Pfeffer

Sauce
2 orangefarbene Paprika
2 gelbe Paprika
Sonnenblumenöl, zum Einfetten
125 g Naturjoghurt
2 EL dunkle Sojasauce
2 EL frisch gehackter Koriander

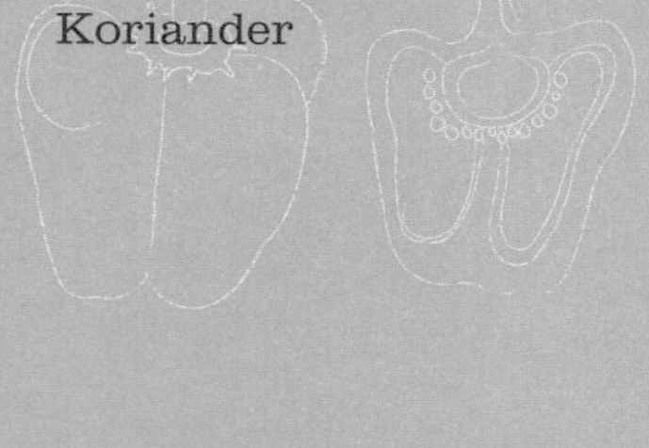

Die Hähnchenflügel in eine große Schüssel geben. Öl, Sojasauce, Ingwer, Knoblauch, Zitronenschale und -saft, Zimt, Kurkuma und Honig im Mixer glatt pürieren. Mit Salz und Pfeffer abschmecken. Die Masse über die Hähnchenflügel verteilen. Abdecken und mindestens 4 Stunden im Kühlschrank marinieren.

Den Grill vorheizen. Für die Sauce die Paprika mit Öl bestreichen und über starker Glut 10 Minuten grillen, bis die Haut schwarz wird und Blasen wirft. In einen Gefrierbeutel geben, etwas abkühlen lassen und die Haut abziehen. Die Paprika entkernen, in Stücke schneiden und mit dem Joghurt im Mixer glatt pürieren. Dann mit Sojasauce und Koriander verrühren.

Die Hähnchenflügel abtropfen lassen und die Marinade aufbewahren. Über mittlerer Glut 8–10 Minuten unter häufigem Wenden grillen, bis das Fleisch durchgegart ist. Dabei häufig mit der Marinade bestreichen. Sofort mit der Sauce servieren.

Eines der bekanntesten karibischen Gerichte mit der berühmten jamaikanischen Gewürzmischung

Jerk Chicken

Für 4 Personen

4 magere Hähnchenteile

Jerk-Gewürzmischung
1 Bund Frühlingszwiebeln
1–2 frische rote Chillies, oder Scotch-Bonnet-Chillies, entkernt
1 Knoblauchzehe
5-cm-Stück Ingwerwurzel, geschält und grob gehackt
½ TL getrockneter Thymian
½ TL Paprikapulver
¼ TL gemahlener Piment
1 Prise gemahlener Zimt
1 Prise gemahlene Gewürznelken
4 EL Weißweinessig
3 EL helle Sojasauce
Pfeffer

Die Hähnchenteile abspülen, mit Küchenpapier trocken tupfen und in eine flache Form geben.

Für die Gewürzmischung alle Zutaten im Mixer glatt pürieren. In die Form gießen und die Hähnchenteile mehrmals darin wenden. Abdecken und im Kühlschrank bis zu 24 Stunden marinieren.

Die Hähnchenteile aus der Marinade nehmen und über mittlerer Glut etwa 30 Minuten unter gelegentlichem Wenden grillen, bis das Fleisch durchgegart ist. Dabei regelmäßig mit der Marinade bestreichen. Sofort servieren.

Zartes süßlich-pikantes Hähnchenfleisch

Senf-Honig-Keulchen

Für 4 Personen

8 Hähnchenunterkeulen
Salatblätter, zum Servieren

Glasur
125 ml Honig
4 EL Dijon-Senf
4 EL körniger Senf
4 EL Weißweinessig
2 EL Sonnenblumenöl
Salz und Pfeffer

Die Keulen mit einem scharfen Messer zwei- bis dreimal diagonal einschneiden und in eine Schüssel geben. Für die Glasur die Zutaten in einer großen Schüssel verrühren, die Keulen zugeben und mehrmals darin wenden. Abdecken und 1 Stunde im Kühlschrank marinieren.

Den Grill vorheizen. Die Keulen abtropfen lassen und die Glasur aufbewahren. Die Keulen über mittlerer Glut 25–30 Minuten unter regelmäßigem Wenden grillen, bis das Fleisch durchgegart ist. Dabei regelmäßig mit der Glasur bestreichen. Die Salatblätter auf einer Servierplatte verteilen, die Hähnchenkeulen darauf anrichten und servieren.

Fisch in einer aromatischen Gewürzmischung

Gegrillter Fisch

Für 4 Personen

4 Weißfischsteaks
1 EL Paprikapulver
1 TL getrockneter Thymian
1 TL Cayenne-Pfeffer
1 TL gemahlener schwarzer Pfeffer
½ TL gemahlener weißer Pfeffer
½ TL Salz
¼ TL gemahlener Piment
50 g Butter
3 EL Sonnenblumenöl
gekochte grüne Bohnen, zum Servieren

Den Grill vorheizen. Die Fischsteaks unter fließend kaltem Wasser abspülen und mit Küchenpapier trocken tupfen.

Paprika, Thymian, Cayenne-Pfeffer, Pfeffer, Salz und Piment in einem tiefen Teller mischen.

Butter und Sonnenblumenöl in einen kleinen Topf geben und erwärmen, bis die Butter geschmolzen ist. Die Fischsteaks auf beiden Seiten großzügig mit der Butter bestreichen und in der Gewürzmischung wenden.

Die Fischsteaks über starker Glut von jeder Seite etwa 3–5 Minuten grillen. Dabei mit der restlichen Butter bestreichen. Mit den grünen Bohnen servieren.

Dieser fruchtige Lachs wird alle begeistern.

Lachssteaks
mit Mango-Salsa

Für 4 Personen

4 Lachssteaks (à 175 g)
fein abgeriebene Schale und Saft von 1 Limette
Salz und Pfeffer

Mango-Salsa
1 große Mango, klein gewürfelt
1 rote Zwiebel, fein gehackt
Mark von 2 Passionsfrüchten
eine Handvoll Basilikumblätter
2 EL Limettensaft
Salz

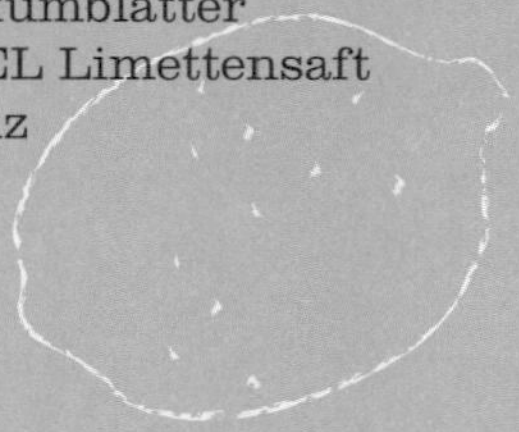

Den Grill vorheizen. Die Lachssteaks unter fließend kaltem Wasser abspülen und mit Küchenpapier trocken tupfen. In eine große Schüssel geben. Mit der Limettenschale bestreuen und dem Saft beträufeln. Mit Salz und Pfeffer würzen, abdecken und kurz ziehen lassen.

Für die Salsa alle Zutaten in einer Schüssel verrühren, abdecken und bis zum Gebrauch kalt stellen.

Die Lachssteaks über mittlerer Glut 3–4 Minuten von jeder Seite grillen. Sofort mit der Mango-Salsa servieren.

Thunfisch mit Zitronenaroma und einer scharfen Salsa

Gegrillter Thunfisch mit Chili-Salsa

Für 4 Personen

4 Thunfischsteaks (à 175 g)
abgeriebene Schale und Saft von 1 Limette
2 EL Olivenöl
Salz und Pfeffer
frisches Baguette, zum Servieren

Chili-Salsa
2 orangefarbene Paprika
1 EL Olivenöl
Saft von 1 Limette
Saft von 1 Orange
2–3 frische rote Chillies, entkernt und gehackt
1 Prise Cayenne-Pfeffer

Zum Garnieren
Korianderstängel
Salatblätter

Die Thunfischsteaks unter fließend kaltem Wasser abspülen und mit Küchenpapier trocken tupfen. In eine große Schüssel geben, Limettenschale und -saft und Olivenöl zugeben. Salzen und pfeffern, abdecken und 30 Minuten im Kühlschrank marinieren.

Den Grill vorheizen. Für die Salsa die Paprika mit dem Olivenöl bestreichen und über starker Glut 10 Minuten grillen, bis die Haut schwarz wird und Blasen wirft. Die Paprika in einem Gefrierbeutel abkühlen lassen. Dann die Haut abziehen und die Paprika entkernen. Mit den restlichen Zutaten für die Salsa im Mixer pürieren und in eine Schüssel füllen.

Die Thunfischsteaks über starker Glut 4–5 Minuten von jeder Seite goldbraun grillen. Auf Teller verteilen, mit Koriander und Salat garnieren und mit der Chili-Salsa und frischem Baguette servieren.

Dieses Sandwich schmeckt auch Vegetariern.

Auberginen-Mozzarella-Sandwich

Für 2 Personen

1 große Aubergine
1 EL Zitronensaft
3 EL Olivenöl
Salz und Pfeffer
125 g Mozzarella, in dünne Scheiben geschnitten
2 getrocknete Tomaten, fein gehackt

Zum Servieren
1 frische Ciabatta oder Baguette
Rucola
Tomatenscheiben

Den Grill vorheizen. Die Aubergine in dünne Scheiben schneiden.

Zitronensaft, Olivenöl, etwas Salz und Pfeffer in einer Schale verrühren und die Auberginenscheiben auf beiden Seiten damit bestreichen. Über mittlerer Glut 2–3 Minuten grillen, bis die Unterseite goldbraun ist.

Die Hälfte der Auberginenscheiben wenden, mit 1 Mozzarellascheibe belegen und mit den getrockneten Tomaten bestreuen.

Die restlichen Auberginenscheiben mit der gegrillten Seite nach unten daraufsetzen und mit der Ölmischung bestreichen. Die Auberginenpäckchen nun vorsichtig wenden und weitere 1–2 Minuten grillen.

Die Ciabatta diagonal halbieren und mit Tomatenscheiben, Rucola und den Auberginenpäckchen belegen. In der Mitte durchschneiden und servieren.

Eine köstliche Mischung aus Gemüse, Bohnen und Käse

Vegetarische Würstchen

Für 4 Personen

1 EL Sonnenblumenöl, plus etwas mehr zum Einfetten
1 kleine Zwiebel, fein gehackt
50 g Champignons, fein gehackt
½ rote Paprika, fein gewürfelt
400 g Cannellini-Bohnen aus der Dose, abgespült und abgetropft
100 g frische Semmelbrösel
100 g geriebener Cheddar oder Emmentaler
1 TL gemischte getrocknete Kräuter
1 Eigelb
Salz und Pfeffer
Mehl

Zum Servieren
8 Hotdog-Brötchen
geröstete Zwiebelringe
Tomaten-Chutney oder Gewürzketchup

Das Sonnenblumenöl in einem Topf erhitzen. Zwiebel, Pilze und Paprika zugeben und weich dünsten.

Die Bohnen in einer großen Schüssel mit einer Gabel zerdrücken. Das gedünstete Gemüse, Semmelbrösel, Käse, Kräuter und Eigelb zugeben und vermengen. Mit Salz und Pfeffer abschmecken und die Masse zu 8 Würstchen formen. Etwas Mehl auf die Arbeitsfläche streuen und die Würstchen darin wälzen. Auf einen Teller geben, abdecken und 30 Minuten kalt stellen.

Den Grill vorheizen. Ein Stück Alufolie mit etwas Öl einpinseln, die Würstchen darauflegen und über mittlerer Glut 15–20 Minuten unter regelmäßigem Wenden goldbraun grillen. Dabei mit Öl bestreichen. Die Hotdog-Brötchen halbieren, jeweils ein Würstchen, Zwiebelringe und Tomaten-Chutney hineingeben und servieren.

Für die Grillparty

Die gebratenen Pilze passen perfekt zum Steak.

Rindersteak
mit Pilzen

Für 4 Personen

4 Rindersteaks
Salz und Pfeffer
50 g Butter
1–2 Knoblauchzehen, zerdrückt
150 g gemischte Pilze, in dünne Scheiben geschnitten
2 EL frisch gehackte Petersilie

Zum Servieren
Romana-Salatblätter
halbierte Kirschtomaten

Den Grill vorheizen. Die Steaks seitlich einschneiden, sodass sie sich füllen lassen. Von innen und außen leicht salzen und pfeffern.

Für die Füllung die Butter in einer Pfanne zerlassen, den Knoblauch zugeben und kurz andünsten. Die Pilze zufügen und 4–6 Minuten anbraten. Mit Salz und Pfeffer abschmecken, vom Herd nehmen und die Petersilie unterrühren.

Die Steaks mit den Pilzen füllen und die Öffnung mit Zahnstochern verschließen.

Die Steaks über starker Glut 2 Minuten von jeder Seite grillen. Dann über mittlerer Glut weitere 4–10 Minuten von jeder Seite bis zur gewünschten Garstufe rösten.

Salatblätter und Tomaten auf 4 Teller verteilen, die Steaks darauf anrichten und die Zahnstocher entfernen. Mit etwas Pfeffer bestreuen und servieren.

Einfach, aber elegant – dieses Gericht ist ideal für Gäste.

Steaks
mit Kressebutter

Für 4 Personen

80 g weiche Butter
4 EL frisch gehackte Brunnenkresse, plus ein paar Stängel zum Garnieren
4 Filetsteaks vom Rind (à 250 g)
4 TL Tabasco-Sauce
Salz und Pfeffer

Den Grill vorheizen. Butter und Kresse in eine Schüssel geben und gut vermengen. Die Schüssel abdecken und bis zum Gebrauch kalt stellen.

Die Steaks mit je 1 Teelöffel Tabasco beträufeln und mit Salz und Pfeffer würzen.

Die Steaks über starker Glut je nach gewünschter Garstufe von jeder Seite 2–6 Minuten grillen. Auf 4 Teller verteilen und etwas Kressebutter daraufgeben. Mit Brunnenkresse garnieren und sofort servieren.

Mit diesem Gericht erhält jede Grillparty einen edlen Touch.

Lammkoteletts

Für 4 Personen

4 Lammcarrés (à 4 Koteletts)

Marinade
2 EL natives Olivenöl extra
1 EL Balsamico-Essig
1 EL Zitronensaft
3 EL frisch gehackter Rosmarin
1 kleine Zwiebel, fein gehackt
Salz und Pfeffer

Für die Marinade alle Zutaten in einer großen Schüssel verrühren. Die Lammcarrés zugeben und gut in der Marinade wenden. Abdecken und 1 Stunde im Kühlschrank marinieren.

Den Grill vorheizen. Die Lammcarrés abtropfen und die Marinade aufbewahren. Über mittlerer Glut 10 Minuten von jeder Seite grillen und dabei regelmäßig mit der Marinade bestreichen. Sofort servieren.

Eine raffinierte Art, einen Braten zu grillen

Balsamico-Lamm
mit Minze

Für 4 Personen

1 entbeinte Lammkeule (etwa 1,8 kg)

Marinade
8 EL Balsamico-Essig
abgeriebene Schale und Saft von 1 Zitrone
150 ml Sonnenblumenöl
4 EL frisch gehackte Minze
2 Knoblauchzehen, zerdrückt
2 EL heller Muskovado-Zucker
Salz und Pfeffer

Zum Servieren
gegrilltes Gemüse, z. B. Paprika und Zucchini
schwarze Oliven

Die Keule seitlich aufschneiden und aufklappen, sodass eine Schmetterlingsform entsteht. Nun 2–3 Schaschlikspieße seitlich durch das Fleisch stecken, damit es einfacher gewendet werden kann.

Für die Marinade alle Zutaten in eine große Schüssel geben und verrühren. Die Lammkeule zugeben und mehrmals in der Marinade wenden. Abdecken und mindestens 6 Stunden im Kühlschrank marinieren. Dabei das Fleisch gelegentlich wenden.

Den Grill vorheizen. Die Lammkeule abtropfen lassen und die Marinade aufbewahren. Den Grillrost etwa 15 cm über der Glut einrasten. Das Lamm 30 Minuten von jeder Seite grillen und dabei mehrmals mit der Marinade bestreichen.

Die Lammkeule auf ein Schneidebrett heben und die Spieße entfernen. Das Fleisch gegen die Faser in Scheiben schneiden und mit Grillgemüse und Oliven servieren.

Schweinefleisch mit Zitronenaroma ergibt eine delikate Kombination.

Zitronen-Kräuter-Schnitzel

Für 4 Personen

4 Schweineschnitzel
1 Apfel, entkernt und in Ringe geschnitten

Marinade
2 EL Sonnenblumenöl
6 Lorbeerblätter, zerpflückt
abgeriebene Schale und Saft von 2 Zitronen
125 ml Bier
1 EL Honig
6 Wacholderbeeren, leicht zerdrückt
Salz und Pfeffer

Für die Marinade das Öl in einem Topf erhitzen und die Lorbeerblätter 1 Minute darin schwenken. Die übrigen Marinadenzutaten zugeben, aufkochen und vom Herd nehmen.

Die Schnitzel in eine große Schüssel geben, mit der Marinade übergießen und mehrmals darin wenden. Abkühlen lassen, dann die Schüssel bedecken und bis zu 8 Stunden im Kühlschrank marinieren.

Den Grill vorheizen. Die Schnitzel abtropfen lassen und die Marinade aufbewahren. Das Fleisch über mittlerer Glut 5 Minuten von jeder Seite grillen und dabei häufig mit der Marinade bestreichen. Die Apfelringe ebenfalls mit der Marinade bestreichen und 3 Minuten grillen. Die Schnitzel auf Teller verteilen, mit den Apfelringen garnieren und sofort servieren.

Koteletts mit tropischen Früchten und Gewürzen

Karibische Schweinekoteletts

Für 4 Personen

4 EL dunkler Muskovado-Zucker
4 EL Orangen- oder Ananassaft
2 EL Jamaika-Rum
1 EL Kokosraspel
½ TL gemahlener Zimt
4 Schweinekoteletts
gemischter Blattsalat, zum Servieren

Kokosreis

250 g Basmati-Reis
450 ml Wasser
150 ml Kokosmilch
4 EL Rosinen
4 EL geröstete Erdnüsse oder Cashewkerne
Salz und Pfeffer
2 EL geröstete Kokosraspel

Zucker, Saft, Rum, Kokosraspel und Zimt in einer großen Schale verrühren, bis sich der Zucker aufgelöst hat. Die Koteletts zugeben und mehrmals darin wenden. Die Schüssel abdecken und 2 Stunden im Kühlschrank marinieren.

Den Grill vorheizen. Die Koteletts abtropfen lassen und die Marinade aufbewahren. Über starker Glut 15–20 Minuten unter regelmäßigem Wenden grillen. Dabei mit der Marinade bestreichen.

Für den Kokosreis den Reis, Wasser und Kokosmilch in einen Topf geben und langsam zum Kochen bringen. Die Hitze reduzieren und 12 Minuten köcheln lassen, bis der Reis gar ist und die Flüssigkeit aufgesogen hat. Mit einer Gabel auflockern.

Rosinen und Nüsse unter den Reis heben und mit Salz und Pfeffer abschmecken. Mit den Kokosraspeln bestreuen. Die Koteletts auf 4 Teller verteilen, mit Salatblättern garnieren und mit dem Kokosreis servieren.

Diese knusprigen kleinen Hähnchen werden jeden beeindrucken.

Gegrillte Stubenküken

Für 4 Personen

4 küchenfertige Stubenküken (à 450 g)
8 Holzstäbchen, 30 Minuten in kaltem Wasser eingelegt
Pflanzenöl (nach Bedarf)
Korianderstängel, zum Garnieren
4–8 gekochte Maiskolben, zum Servieren

Gewürzpaste
1 EL Paprikapulver
1 EL Senfpulver
1 EL gemahlener Kreuzkümmel
1 Prise Cayenne-Pfeffer
1 EL Tomatenketchup
1 EL Zitronensaft
Salz
5 EL zerlassene Butter

Die Stubenküken auf die Brust drehen. Mit einem scharfen Messer am Rücken zu beiden Seiten der Wirbelsäule vom Schwanzende bis zur Halsöffnung einschneiden, sodass man die Wirbelsäule entfernen kann. Die Küken aufklappen, etwas flach drücken und die Flügelspitzen nach unten biegen. Ein Holzstäbchen durch einen Flügel, dann durch die obere Brusthälfte und durch den anderen Flügel stechen. Ein zweites Holzstäbchen durch eine Keule, dann durch die untere Brusthälfte und durch die zweite Keule stechen.

Für die Gewürzpaste alle Zutaten in einer Schüssel verrühren und die Küken damit bestreichen. In eine Schüssel legen, abdecken und bis zu 8 Stunden marinieren.

Den Grill vorheizen. Die Stubenküken über mittlerer Glut 25–30 Minuten unter regelmäßigem Wenden grillen und, falls sie zu trocken werden, mit etwas Öl bestreichen. Auf eine Servierplatte geben, mit Koriander garnieren und mit Maiskolben servieren.

Pute und Estragon ergänzen sich großartig.

Estragon-Putenschnitzel

Für 4 Personen

4 Putenbrustfilets (à 175 g)
Salz und Pfeffer
4 TL körniger Senf
8 Estragonstängel, plus etwas mehr zum Garnieren
4 Scheiben geräucherter Frühstücksspeck
4 Holzspieße, 30 Minuten in kaltem Wasser eingelegt
Salatblätter, zum Servieren

Den Grill vorheizen. Die Putenbrustfilets mit Salz und Pfeffer würzen und mit Senf bestreichen.

2 Estragonstängel auf je ein Putenbrustfilet legen, mit den Speckscheiben umwickeln und mit einem Holzspieß feststecken.

Die Putenbrustfilets über mittlerer Glut 5–8 Minuten von jeder Seite grillen. Auf 4 Teller verteilen und mit Estragon garnieren. Mit Salatblättern servieren.

Die Aprikosen unterstreichen den Geschmack der Ente.

Fruchtige Entenbrüste

Für 4 Personen

4 Entenbrustfilets
120 g getrocknete Aprikosen
2 Schalotten, in feine Scheiben geschnitten
2 EL Honig
1 TL Sesamöl
2 TL chinesisches Fünf-Gewürze-Pulver

Den Grill vorheizen. Die Entenbrustfilets seitlich einschneiden, sodass sie sich füllen lassen. Aprikosen und Schalotten auf die 4 Entenbrüste verteilen, in die Öffnungen drücken und mit Zahnstochern verschließen.

Honig und Sesamöl in einer Schale verrühren und die Entenbrustfilets damit bestreichen. Mit Fünf-Gewürze-Pulver bestäuben.

Die Entenbrustfilets über mittlerer Glut 6–8 Minuten von jeder Seite grillen. Die Zahnstocher entfernen und sofort servieren.

Seeteufel eignet sich hervorragend zum Grillen.

Seeteufel mit Zitrusfrüchten und grünem Pfeffer

Für 8 Personen

2 Orangen
2 Zitronen
8 Seeteufelfilets ohne Haut (à 180 g)
8 Zweige Zitronenthymian
2 EL Olivenöl
Salz
2 EL grüner Pfeffer, leicht zerdrückt

Von den Orangen und Zitronen jeweils 8 dünne Scheiben abschneiden und den Rest auspressen. Die Fischfilets unter fließend kaltem Wasser abspülen und mit Küchenpapier trocken tupfen. Auf jedes Filet jeweils eine Zitronen- und Orangenscheibe sowie Thymian legen. Die Filets vorsichtig zusammenklappen, mit Küchengarn binden und auf einen großen Teller legen.

Zitrussaft und Olivenöl in einer Schüssel verrühren. Mit Salz und Pfeffer abschmecken und über den Fisch träufeln. Abdecken und bis zu 1 Stunde im Kühlschrank marinieren. Dabei ein- bis zweimal wenden.

Den Grill vorheizen. Die Seeteufelfilets abtropfen und die Marinade aufbewahren. Den grünen Pfeffer auf die Filets streuen und leicht andrücken. Über mittlerer Glut 20–25 Minuten grillen, dabei vorsichtig wenden und häufig mit der Marinade bestreichen. Die Filets auf ein Schneidebrett legen und das Küchengarn entfernen. Sofort servieren.

Ein bekanntes Fischgericht aus Indonesien

Gegrillte Rotbarben

Für 4 Personen

4 küchenfertige Rotbarben (à 350 g)
1 Limette, in dünne Scheiben geschnitten
1 Knoblauchzehe, in Scheiben geschnitten
4 Bananenblätter, zu Quadraten mit 40 cm Seitenlänge geschnitten
2 Frühlingszwiebeln, in feine Scheiben geschnitten

Gewürzpaste
Saft von 1 Limette
2 Knoblauchzehen, fein gehackt
2,5-cm-Stück Ingwerwurzel
1 Zwiebel, fein gehackt
4½ TL Erdnuss- oder Maiskeimöl
3 EL Kecap Manis oder helle Sojasauce
1 TL gemahlener Koriander
1 TL gemahlener Kreuzkümmel
¼ TL gemahlene Gewürznelke
¼ TL gemahlene Kurkuma

Den Grill vorheizen. Die Rotbarben unter fließend kaltem Wasser abspülen und mit Küchenpapier trocken tupfen. Die Fische auf beiden Seiten mehrmals mit einem scharfen Messer diagonal einschneiden und Limetten- und Knoblauchscheiben in die Schlitze stecken. Je einen Fisch auf ein Bananenblatt legen und mit Frühlingszwiebeln bestreuen.

Für die Paste alle Zutaten in eine Schüssel geben und gut verrühren.

Die Paste mit einem Teelöffel im Bauchraum und auf der Fischhaut verteilen. Die Bananenblätter um die Rotbarben zusammenfalten und gut mit Küchengarn verschnüren. Über mittlerer Glut 15–20 Minuten unter gelegentlichem Wenden grillen. Im Bananenblatt servieren.

Diese saftigen Garnelen werden Sie lieben.

Garnelen
mit Zitrus-Salsa

Für 6 Personen

36 große, rohe ausgelöste Garnelen
2 EL frisch gehackter Koriander, plus einige Blätter zum Garnieren
1 Prise Cayenne-Pfeffer
3–4 EL Maiskeimöl
Limettenspalten, zum Servieren

Zitrus-Salsa
1 Orange, filetiert
1 säuerlicher Apfel, geschält und geviertelt
2 frische rote Chillies, entkernt und fein gehackt
1 Knoblauchzehe, fein gehackt
8 Korianderstängel
8 Minzestängel
4 EL Limettensaft
Salz und Pfeffer

Den Grill vorheizen. Für die Salsa alle Zutaten in einen Mixer geben und glatt pürieren.

Die Garnelen unter fließend kaltem Wasser abspülen und mit Küchenpapier trocken tupfen. Koriander, Cayenne-Pfeffer und Öl in einer Schüssel gut verrühren und die Garnelen sorgfältig darin wenden.

Die Garnelen über mittlerer Glut 3 Minuten von jeder Seite grillen, bis sie rosa sind. Auf eine Servierplatte geben, mit Koriander garnieren und mit Limettenspalten und der Zitrus-Salsa servieren.

Einfach in der Zubereitung, köstlich im Geschmack

Gefüllte Sardinen

Für 6 Personen

2 EL frisch gehackte Petersilie
4 Knoblauchzehen, fein gehackt
12 küchenfertige Sardinen
3 EL Zitronensaft
80 g Mehl
1 TL gemahlener Kreuzkümmel
Salz und Pfeffer
Olivenöl, zum Beträufeln

Petersilie und Knoblauch in einer Schale mischen. Die Sardinen unter fließend kaltem Wasser abspülen und mit Küchenpapier trocken tupfen. Einen Teil der Petersilienmischung in die Fische füllen und den Rest auf die Haut drücken. Mit Zitronensaft beträufeln, auf einen großen Teller legen und ab-decken. 1 Stunde im Kühlschrank marinieren.

Den Grill vorheizen. Mehl, Kreuzkümmel, Salz und Pfeffer auf einem flachen Teller mischen und die Sardinen vorsichtig darin wenden.

Die Sardinen mit Olivenöl beträufeln und über mittlerer Glut etwa 4 Minuten von jeder Seite grillen. Sofort servieren.

Mit Speck umwickelte Austern sind eine Köstlichkeit.

Austern mit Speck

Für 6 Personen

36 frische Austern
1 EL Paprikapulver
1 TL Cayenne-Pfeffer
18 Scheiben durchwachsener Frühstücksspeck, halbiert
6 Holzspieße, etwa 30 Minuten in kaltem Wasser eingeweicht

Sauce

1 frische rote Chili, entkernt und fein gehackt
1 Knoblauchzehe, fein gehackt
1 Schalotte, fein gehackt
2 EL frisch gehackte Petersilie
2 EL Zitronensaft
Salz und Pfeffer

Den Grill vorheizen. Die Austern öffnen und auslösen. Dabei über einer Schüssel arbeiten, um den austretenden Saft aufzufangen.

Für die Sauce alle Zutaten zu dem Austernsaft in die Schüssel geben und gut verrühren.

Die Austern mit Paprikapulver und Cayenne-Pfeffer bestäuben und mit jeweils einer halben Scheibe Speck umwickeln. Je 6 Austern auf 1 Holzspieß stecken.

Über starker Glut 5 Minuten unter häufigem Wenden grillen, bis der Speck goldbraun und knusprig ist. Auf Tellern anrichten und mit der Sauce servieren.

Die Füllung können Sie mit Fleisch oder mit Käse zubereiten.

Gefüllte Champignons

Ergibt 12 Stück

12 große Champignons, geputzt
4 TL Olivenöl
4 Frühlingszwiebeln, gehackt
100 g frische Vollkorn-semmelbrösel
1 TL frisch gehackter Oregano
100 g Feta, zerkrümelt oder Chorizo, gehäutet und fein gehackt
Sonnenblumenöl, zum Bestreichen

Den Grill vorheizen. Die Champignonstiele abschneiden und fein hacken. Die Hälfte des Olivenöls in einer großen Pfanne erhitzen und Pilzstiele und Frühlingszwiebeln kurz darin andünsten. In eine Schüssel geben und mit Semmelbröseln und Oregano vermengen.

Feta oder Chorizo unter die Semmelbröselmasse mischen und die Pilzkappen damit füllen.

Die gefüllten Pilze mit dem restlichen Olivenöl beträufeln. Den Rost mit etwas Öl bestreichen und die Champignons über mittlerer Glut 8–10 Minuten grillen. Auf Teller verteilen und servieren.

Zucchini und Feta – eine perfekte Kombination

Zucchini-Feta-Fächer

Für 2 Personen

2 große Zucchini
120 g Feta, in dünne Scheiben geschnitten
1 EL Olivenöl, plus etwas mehr zum Bestreichen
1 EL frisch gehackte Minze
grob gemahlener Pfeffer

Den Grill vorheizen. Zwei große Rechtecke Alufolie leicht mit Olivenöl einpinseln.

Die Zucchini bis 1 cm vor den Stielansatz mehrmals einschneiden und auf die Folien legen.

Die Feta-Scheiben in die Zwischenräume der Zucchini stecken. Mit dem Olivenöl beträufeln, mit der Minze bestreuen und mit Pfeffer würzen. Die Zucchini sorgfältig in die Alufolie einschlagen und 30–40 Minuten in der Glut garen. Anschließend die Zucchini vorsichtig auswickeln und sofort servieren.

Spinat und Käse bilden eine köstliche Füllung für Tomaten.

Gefüllte Tomaten

Für 4 Personen

1 EL Olivenöl
2 EL Sonnenblumenkerne
1 Zwiebel, fein gehackt
1 Knoblauchzehe, fein gehackt
500 g Spinat, geputzt und zerzupft
1 Prise frisch geriebene Muskatnuss
Salz und Pfeffer
4 große Fleischtomaten
150 g Mozzarella, klein gewürfelt

Den Grill vorheizen. Das Öl in einem Topf mit Deckel erhitzen und die Sonnenblumenkerne kurz darin anrösten. Die Hitze reduzieren, die Zwiebel zugeben und weich dünsten. Knoblauch und Spinat zufügen, den Topf bedecken und 3 Minuten dünsten, bis der Spinat zusammengefallen ist. Vom Herd nehmen und mit Muskat, Salz und Pfeffer abschmecken. Abkühlen lassen.

Von den Tomaten mit einem scharfen Messer oben einen kleinen Deckel abschneiden und die Tomaten mit einem Teelöffel vorsichtig aushöhlen. Das Tomatenfleisch hacken und zusammen mit dem Mozzarella unter den Spinat rühren.

Die Tomaten mit der Spinatmischung füllen und den Deckel wieder daraufsetzen. Vier große Quadrate Alufolie zurechtschneiden, die Tomaten in die Mitte setzen und die Alufolie fest um die Tomaten schließen. Über starker Glut 10 Minuten unter gelegentlichem Wenden grillen. In der Folie servieren.

Burger

Besser als in jedem Fast-Food-Restaurant

Klassischer Hamburger

Für 4–6 Personen

500 g Rumpsteak oder Roastbeef, durch den Fleischwolf gedreht
1 Zwiebel, geraspelt
2–4 Knoblauchzehen, zerdrückt
2 TL körniger Senf
Pfeffer
2 EL Olivenöl
450 g Zwiebeln, in feine Ringe geschnitten
2 TL heller Muskovado-Zucker
4–6 Hamburger-Brötchen mit Sesam, zum Servieren

Das Hackfleisch mit Zwiebel, Knoblauch, Senf und Pfeffer in einer Schüssel vermengen. Aus der Masse 4–6 große, flache Frikadellen formen und auf einen großen Teller legen. Abdecken und 30 Minuten im Kühlschrank ziehen lassen.

Das Öl in einer Pfanne erhitzen und die Zwiebelringe darin weich dünsten. Den Zucker darüberstreuen und weitergaren, bis sie karamellisiert und knusprig sind. Auf Küchenpapier abtropfen lassen und warm halten.

Den Grill vorheizen. Die Frikadellen über starker Glut 3–5 Minuten von jeder Seite grillen und zusammen mit den Zwiebelringen in die Hamburger-Brötchen geben. Sofort servieren.

Die feurige Version des klassischen Burgers

Chili-Burger

Für 4 Personen

650 g Rinderhackfleisch
1 rote Paprika, sehr klein gewürfelt
1 Knoblauchzehe, fein gehackt
2 frische rote Chillies, entkernt und fein gehackt
1 EL frisch gehacktes Basilikum
½ TL gemahlener Kreuzkümmel
Salz und Pfeffer
4 Hamburger-Brötchen, zum Servieren
Basilikumblätter, zum Garnieren

Hackfleisch, Paprika, Knoblauch, Chillies, Basilikum und Kreuzkümmel in einer Schüssel sorgfältig vermengen. Mit Salz und Pfeffer würzen. Aus der Masse 4 große, flache Frikadellen formen.

Den Grill vorheizen. Die Frikadellen über starker Glut 5–8 Minuten von jeder Seite grillen und in die Hamburger-Brötchen geben. Mit Basilikum garnieren und servieren.

Die Orangenschale sorgt für einen besonders fruchtigen Geschmack.

Burger mit Orangenmarinade

Für 4–6 Personen

500 g Schweinefilet, in Stücke geschnitten
3 EL Bitterorangenmarmelade
2 EL Orangensaft
1 EL Balsamico-Essig
250 g Pastinaken, in Stücke geschnitten
1 EL fein abgeriebene Orangenschale
2 Knoblauchzehen, zerdrückt
6 Frühlingszwiebeln, fein gehackt
1 Zucchini (etwa 175 g), gerieben
Salz und Pfeffer
Sonnenblumenöl, zum Bestreichen

Zum Servieren
Kopfsalatblätter
4–6 Hamburger-Brötchen

Die Fleischstücke in eine Schüssel geben. Marmelade, Orangensaft und Essig in einen Topf geben und unter Rühren erhitzen, bis sich die Marmelade aufgelöst hat. Über das Fleisch gießen und vermengen. Die Schüssel abdecken und 30 Minuten marinieren. Das Fleisch gut abtropfen lassen und die Marinade aufbewahren. Dann das Fleisch durch den Fleischwolf drehen oder fein hacken.

Die Pastinaken in kochendem Salzwasser 15–20 Minuten weich garen. Abgießen, abtropfen lassen und zerstampfen. Mit dem Hackfleisch in einer Schüssel vermengen. Orangenschale, Knoblauch, Frühlingszwiebeln und Zucchini zugeben, mit Salz und Pfeffer würzen und nochmals vermengen. Aus der Masse 4–6 große, flache Frikadellen formen. Auf einen Teller legen, abdecken und 30 Minuten im Kühlschrank ziehen lassen.

Den Grill vorheizen. Die Frikadellen mit etwas Öl bestreichen und über mittlerer Glut 4–6 Minuten von jeder Seite grillen, bis sie durchgegart sind. Die zurückbehaltene Marinade in einem Topf 5 Minuten einkochen und in eine Schüssel füllen. Die Frikadellen mit den Salatblättern in die Brötchen geben und mit der Sauce servieren.

Cajun-Gewürze verleihen diesen Burgern ein karibisches Aroma.

Cajun-Frikadellen

Für 4–6 Personen

250 g Süßkartoffeln, in Stücke geschnitten
Salz und Pfeffer
500 g Schweinehackfleisch
1 Apfel, geschält und gerieben
2 TL Cajun-Gewürzmischung
500 g Zwiebeln
1 EL frisch gehackter Koriander
2 EL Sonnenblumenöl
8–12 Scheiben Frühstücksspeck

Die Süßkartoffeln in einem Topf mit Salzwasser 15–20 Minuten gar kochen. Abgießen, abtropfen lassen und zerstampfen.

Hackfleisch, Süßkartoffeln, Apfel und Cajun-Gewürz in einer Schüssel vermengen. Eine Zwiebel reiben und mit dem Koriander mit der Hackfleischmasse vermischen. Mit Salz und Pfeffer würzen. Aus der Masse 4–6 große, flache Frikadellen formen. Auf einen großen Teller geben, abdecken und 1 Stunde im Kühlschrank ziehen lassen.

Den Grill vorheizen. Die restlichen Zwiebeln in Ringe schneiden. 1 Esslöffel Öl in einer Pfanne erhitzen und die Zwiebelringe darin weich dünsten.

Jede Frikadelle mit 2 Speckscheiben über Kreuz umwickeln. Mit dem restlichen Öl bestreichen und über starker Glut 4–5 Minuten von jeder Seite grillen, bis sie durchgegart sind. Mit den Zwiebeln servieren.

Das klassische Lamm in Minzesauce in einer Burger-Variation

Lammfleischburger
mit Minze

Für 4–6 Personen

2 EL Olivenöl
1 rote Paprika, geviertelt
1 gelbe Paprika, geviertelt
1 rote Zwiebel, in dicke Spalten geschnitten
1 kleine Aubergine, in dicke Scheiben geschnitten
500 g Lammhackfleisch
2 EL frisch geriebener Parmesan
1 EL frisch gehackte Minze
Salz und Pfeffer

Minze-Mayonnaise
4 EL Mayonnaise
1 TL Dijon-Senf
1 EL frisch gehackte Minze

Zum Servieren
4–6 Hamburger-Brötchen
in feine Streifen geschnittener Eisbergsalat
gegrilltes Gemüse, z. B. Paprika und Kirschtomaten

Den Grill vorheizen. Ein großes Stück Alufolie großzügig mit Öl einpinseln, Paprika, Zwiebel und Aubergine daraufgeben und auf den Grill legen. 10–12 Minuten grillen, etwas abkühlen lassen und die Paprika häuten. Das Gemüse in den Mixer geben und grob pürieren.

Hackfleisch, Parmesan, Minze, Salz und Pfeffer zugeben und noch einmal kurz mixen. Aus der Masse 4–6 große, flache Frikadellen formen. Auf einen großen Teller legen, abdecken und 30 Minuten im Kühlschrank ziehen lassen.

Für die Minze-Mayonnaise alle Zutaten in einer Schüssel verrühren und kalt stellen.

Den Grill vorheizen. Die Frikadellen mit dem restlichen Öl bestreichen und über starker Glut 3–4 Minuten von jeder Seite grillen. Den Salat auf die unteren Brötchenhälften verteilen, die Frikadellen daraufsetzen und mit der Mayonnaise bestreichen. Mit den oberen Brötchenhälften bedecken und mit buntem Grillgemüse servieren.

Burger auf griechische Art

Lammfrikadellen
mit Feta

Für 4–6 Personen

500 g Lammhackfleisch
250 g Feta, zerkrümelt
2 Knoblauchzehen, zerdrückt
6 Frühlingszwiebeln, fein gehackt
80 g Backpflaumen, gehackt
25 g geröstete Pinienkerne
50 g frische Vollkornsemmelbrösel
1 EL frisch gehackter Rosmarin
Salz und Pfeffer
1 EL Sonnenblumenöl

Hackfleisch, Feta, Knoblauch, Frühlingszwiebeln, Backpflaumen, Pinienkerne, Semmelbrösel, Rosmarin, Salz und Pfeffer in eine Schüssel geben und sorgfältig vermengen.

Aus der Masse 4–6 große, flache Frikadellen formen. Auf einen großen Teller legen, abdecken und 30 Minuten im Kühlschrank ziehen lassen.

Den Grill vorheizen. Die Frikadellen mit Öl bestreichen und über starker Glut 4 Minuten von jeder Seite grillen. Sofort servieren.

Außen kross, innen herrlich zart

Klassischer Chicken-Burger

Für 4 Personen

4 große Hähnchenbrustfilets
1 großes Eiweiß
1 EL Speisestärke
1 EL Mehl
1 Ei, verquirlt
50 g frische Semmelbrösel
2 EL Sonnenblumenöl
2 Fleischtomaten, in Scheiben geschnitten

Zum Servieren
Salatblätter
4 Hamburger-Brötchen
Mayonnaise

Die Hähnchenbrustfilets zwischen 2 Stücke Backpapier legen und mit einem Teigroller leicht plattieren. Eiweiß und Speisestärke miteinander verquirlen und die Filets damit bestreichen. Auf einen Teller legen, abdecken und im Kühlschrank 30 Minuten ziehen lassen.

Mehl, Ei und Semmelbrösel jeweils auf tiefe Teller geben. Die Filets erst in Mehl, dann in Ei und abschließend in Semmelbröseln wenden.

Den Grill vorheizen. Die Filets mit etwas Öl bestreichen und über mittlerer Glut 6–8 Minuten von jeder Seite grillen, bis sie durchgegart sind. Die Tomatenscheiben 2 Minuten grillen. Den Salat auf die untere Hälfte der Hamburger-Brötchen geben, Hähnchenbrustfilets und Tomaten darauflegen, mit etwas Mayonnaise bestreichen und mit der oberen Brötchenhälfte abschließen. Sofort servieren.

Delikate Burger mit einer süßen Ahornsirupglasur

Glasierte Geflügel-Burger

Für 4 Personen

2 Maiskolben mit Blättern
500 g Putenfleisch, durch den Fleischwolf gedreht
1 rote Paprika, gehäutet und klein gewürfelt
6 Frühlingszwiebeln, fein gehackt
50 g frische Semmelbrösel
2 EL frisch gehacktes Basilikum
Salz und Pfeffer
1 EL Sonnenblumenöl
2 EL Ahornsirup

Zum Servieren
4 Hamburger-Brötchen
Rucola
Tomatenscheiben

Eine Grillpfanne stark erhitzen. Die Maiskolben hineingeben und bei starker Hitze 10 Minuten garen, dabei alle 2 Minuten drehen, bis die Blätter schwarz werden. Aus der Pfanne nehmen und abkühlen lassen. Die Blätter und Fäden abziehen. Die Körner mit einem scharfen Messer vom Kolben schneiden.

Die Maiskörner mit Hackfleisch, Paprika, Frühlingszwiebeln, Semmelbröseln und Basilikum in einer großen Schüssel vermengen. Mit Salz und Pfeffer würzen und aus der Masse 4 große, flache Frikadellen formen. Auf einen Teller legen, abdecken und 1 Stunde im Kühlschrank ziehen lassen.

Den Grill vorheizen. Die Frikadellen mit Öl und Ahornsirup bestreichen und über starker Glut 4 Minuten von jeder Seite grillen, bis sie durchgegart sind. Rucola auf die untere Hälfte der Hamburger-Brötchen geben, die Frikadellen und Tomaten darauflegen und mit der oberen Brötchenhälfte abschließen. Sofort servieren.

Es müssen nicht immer Fleisch-Burger sein.

Fisch-Burger

Für 4 Personen

150 g Kartoffeln, in Stücke geschnitten
Salz und Pfeffer
250 g Kabeljaufilet
250 g geräucherter Schellfisch
1 EL abgeriebene Zitronenschale
1 EL frisch gehackte Petersilie
1–2 EL Mehl
1 Ei, verquirlt
80 g frische Semmelbrösel
2 EL Sonnenblumenöl
4 Hamburger-Brötchen, zum Servieren

Die Kartoffeln in einem Topf mit Salzwasser 15–20 Minuten gar kochen. Abgießen, abtropfen lassen und zerstampfen. Kabeljau und Schellfisch in Stücke schneiden und mit Kartoffeln, Zitronenschale, Petersilie, Salz und Pfeffer im Mixer grob zerkleinern. Aus der Masse 4 große, flache Frikadellen formen und im Mehl wenden. Auf einen Teller legen, abdecken und 30 Minuten im Kühlschrank ziehen lassen.

Ei und Semmelbrösel jeweils auf tiefe Teller geben und die Fischfrikadellen erst im Ei, dann in den Semmelbröseln wenden. Weitere 30 Minuten im Kühlschrank ruhen lassen.

Den Grill vorheizen. Die Frikadellen mit Öl bestreichen und über starker Glut von jeder Seite 5 Minuten goldbraun grillen. Die Hamburger-Brötchen kurz auf dem Grill rösten, die Frikadellen hineinlegen und servieren.

Thunfisch eignet sich hervorragend zum Grillen.

Thunfisch-
frikadellen mit Mango-Salsa

Für 4–6 Personen

250 g Süßkartoffeln, in Stücke geschnitten
Salz
500 g Thunfischsteaks
6 Frühlingszwiebeln, fein gehackt
175 g Zucchini, geraspelt
1 frische rote Jalapeño-Chili, entkernt und fein gehackt
2 EL Mango-Chutney aus dem Glas
1 EL Sonnenblumenöl
Romana-Salatblätter, zum Servieren

Mango-Salsa
1 große vollreife Mango, in dünne Spalten geschnitten
2 vollreife Tomaten, klein gewürfelt
1 frische rote Jalapeño-Chili, entkernt und fein gehackt
4-cm-Stück Gurke, klein gewürfelt
1 EL frisch gehackter Koriander
1–2 TL Honig

Die Süßkartoffeln in einem Topf mit Salzwasser 15–20 Minuten gar kochen. Abgießen und abtropfen lassen. Den Thunfisch in Stücke schneiden. Süßkartoffeln und Thunfisch mit Frühlingszwiebeln, Zucchini, Chili und Chutney im Mixer grob zerkleinern. Aus der Masse 4–6 große, flache Frikadellen formen. Auf einen Teller legen, abdecken und 1 Stunde im Kühlschrank ziehen lassen.

Von der Mango 12 Spalten zurückbehalten und den Rest klein hacken. Für die Salsa alle Zutaten in einer Schüssel verrühren, abdecken und 30 Minuten kalt stellen.

Den Grill vorheizen. Die Frikadellen mit Öl bestreichen und über starker Glut von jeder Seite 4–6 Minuten grillen. Salatblätter und Mangospalten auf Teller verteilen, die Frikadellen darauf anrichten und etwas Mango-Salsa darübergeben. Sofort servieren.

Dieser Burger macht fleischlos glücklich.

Klassischer Veggie-Burger

Für 4–6 Personen

80 g brauner Reis
Salz und Pfeffer
400 g Flageolet-Bohnen aus der Dose, abgespült und abgetropft
120 g ungesalzene Cashewkerne
3 Knoblauchzehen
1 rote Zwiebel, in Spalten geschnitten
120 g Gemüsemais aus der Dose, abgespült und abgetropft
2 EL Tomatenmark
1 EL frisch gehackter Oregano
2 EL Vollkornmehl
2 EL Sonnenblumenöl

Zum Servieren
Kopfsalatblätter
4–6 Hamburger-Brötchen
Tomatenscheiben
Käsescheiben

Den Grill vorheizen. Den Reis in einem Topf mit Salzwasser 20 Minuten kochen, bis er gar ist. Abgießen und abtropfen lassen.

Reis, Bohnen, Cashewkerne, Knoblauch, Zwiebel, Mais, Tomatenmark, Oregano sowie Salz und Pfeffer im Mixer grob zerkleinern. Aus der Masse 4–6 große, flache Frikadellen formen und in Mehl wenden. Auf einen Teller legen, abdecken und 1 Stunde im Kühlschrank ziehen lassen.

Die Frikadellen mit Öl bestreichen und über mittlerer Glut von jeder Seite 5–6 Minuten grillen. Salatblätter auf die untere Hälfte der Hamburger-Brötchen geben, Tomaten, Käsescheiben und Frikadellen daraufsetzen und mit der oberen Brötchenhälfte abschließen.

Sie können für diesen Burger auch andere Bohnensorten verwenden.

Bohnen-Burger

Für 4–6 Personen

300 g Cannellini-Bohnen aus der Dose, abgespült und abgetropft
300 g Schwarzaugenbohnen aus der Dose, abgespült und abgetropft
300 g Kidney-Bohnen aus der Dose, abgespült und abgetropft
1 frische rote Chili, entkernt
4 Schalotten, geviertelt
2 Selleriestangen, grob gehackt
50 g frische Vollkornsemmelbrösel
1 EL frisch gehackter Koriander
Salz und Pfeffer
2 EL Vollkornmehl
2 EL Sonnenblumenöl
4–6 Hamburger-Brötchen, zum Servieren

Grüne Mayonnaise
6 EL Mayonnaise
2 EL frisch gehackte Petersilie oder Minze
1 EL gehackte Gurke
3 Frühlingszwiebeln, fein gehackt

Bohnen, Chili, Schalotten, Sellerie, Semmelbrösel, Koriander, Salz und Pfeffer im Mixer grob zerkleinern. Aus der Masse 4–6 große, flache Frikadellen formen. Leicht im Mehl wenden, auf einen Teller legen und abdecken. Im Kühlschrank 1 Stunde ziehen lassen.

Für die grüne Mayonnaise alle Zutaten in einer Schüssel verrühren. Abdecken und kalt stellen.

Den Grill vorheizen. Die Frikadellen mit Öl bestreichen und über starker Glut von jeder Seite 5 Minuten grillen. Beide Hälften der Hamburger-Brötchen mit der Mayonnaise bestreichen, die Frikadellen hineingeben und servieren.

Pilz- Bratlinge

Für 4 Personen

2 TL Sonnenblumenöl, plus etwas zum Einfetten
120 g gemischte Pilze, fein gehackt
1 Zwiebel, fein gehackt
1 Karotte, geraspelt
1 Zucchini, geraspelt
25 g Erdnüsse
120 g frische Semmelbrösel
1 EL frisch gehackte Petersilie
1 TL Hefeextrakt
Salz und Pfeffer
1 EL Mehl, zum Bestäuben

Das Öl in einer Pfanne erhitzen und die Pilze darin 8 Minuten andünsten. Vom Herd nehmen und in eine Schüssel füllen.

Zwiebel, Karotte, Zucchini und Erdnüsse in den Mixer geben und grob zerkleinern. Zusammen mit Semmelbröseln, Petersilie und Hefeextrakt zu den Pilzen geben und gut vermengen. Mit Salz und Pfeffer abschmecken. Mit leicht bemehlten Händen aus der Masse 4 große Bratlinge formen. Auf einen großen Teller legen, abdecken und mindestens 1 Stunde im Kühlschrank ziehen lassen.

Den Grill vorheizen. Die Bratlinge mit Öl bestreichen und über starker Glut 8–10 Minuten grillen. Sofort servieren.

Spieße

Steak mit Garnelen – die Grillversion des klassischen Surf 'n' Turf

Surf-'n'-Turf-Spieße

Für 2 Personen

Olivenöl, zum Einfetten
250 g Filetsteak (2,5 cm dick), in 2,5 cm große Würfel geschnitten
8 große, rohe ausgelöste Garnelen
Salz und Pfeffer
4 EL Butter
2 Knoblauchzehen, zerdrückt
3 EL frisch gehackte Petersilie, plus etwas mehr zum Garnieren
fein abgeriebene Schale und Saft von 1 Zitrone

Zum Servieren
Limettenspalten
frisches Baguette

2 Metallspieße etwas einölen und Fleischwürfel und Garnelen abwechselnd daraufstecken. Mit Salz und Pfeffer würzen.

Den Grill vorheizen. Butter und Knoblauch in einen Topf geben und zerlassen. Den Topf vom Herd nehmen und mit Petersilie, Limettenschale und -saft sowie Salz und Pfeffer verrühren.

Den Grillrost etwas einölen, die Spieße mit der Butter bestreichen und bei starker Glut 4–8 Minuten unter häufigem Wenden grillen, bis das Fleisch die gewünschte Garstufe erreicht hat. Dabei regelmäßig mit der Butter bestreichen.

Die Spieße auf Teller verteilen und mit der restlichen Butter übergießen. Mit Petersilie garnieren und mit Limettenspalten und frischem Baguette servieren.

Zartes Rindfleisch in einer klassischen japanischen Marinade

Teriyaki-Rind

Für 4 Personen

500 g Rindersteak, in dünne Streifen geschnitten
1 gelbe Paprika, in Stücke geschnitten
8 Frühlingszwiebeln, in kurze Stücke geschnitten
8 Holzspieße, 30 Minuten in kaltem Wasser eingeweicht
Romana-Salatblätter, zum Garnieren

Sauce

1 TL Speisestärke
2 EL trockener Sherry
2 EL Weißweinessig
3 EL Sojasauce
1 EL dunkler Muskovado-Zucker
1 Knoblauchzehe, zerdrückt
½ TL gemahlener Zimt
½ TL gemahlener Ingwer

Für die Sauce alle Zutaten in eine große Schüssel geben und verrühren. Das Fleisch zugeben und gut darin wenden. Die Schüssel abdecken und im Kühlschrank 2 Stunden marinieren.

Den Grill vorheizen. Das Fleisch abtropfen lassen. Die Marinade in einen kleinen Topf gießen und 5 Minuten einkochen lassen.

Die Fleischstreifen s-förmig abwechselnd mit Paprika- und Frühlingszwiebelstücken auf Holzspieße stecken. Die Spieße über starker Glut 5–8 Minuten unter gelegentlichem Wenden grillen. Dabei mit der Marinade bestreichen.

Salatblätter auf Teller verteilen. Die Spieße darauf anrichten und mit der restlichen Marinade übergießen. Sofort servieren.

Indische Hackfleischspieße

Für 4 Personen

1 kleine Zwiebel, fein gehackt
500 g Lammhackfleisch
2 EL Currypaste
2 EL Naturjoghurt
Sonnenblumenöl, zum Einfetten

Tomaten-Sambal
3 Tomaten, in kleine Würfel geschnitten
1 Prise gemahlener Koriander
1 Prise gemahlener Kreuzkümmel
2 TL frisch gehackter Koriander
Salz und Pfeffer

Zum Servieren
frisch ausgebackene Pappadums
Chutney (nach Belieben)

Zwiebel, Hackfleisch, Currypaste und Joghurt in eine Schüssel oder den Mixer geben und gut vermengen. Aus der Masse 8 Würstchen formen. 8 Metallspieße einölen und durch die Würstchen stecken. Auf einen Teller legen, abdecken und 30 Minuten im Kühlschrank ziehen lassen.

Den Grill vorheizen. Für das Sambal alle Zutaten in eine Schüssel geben, verrühren, abdecken und kalt stellen.

Den Grillrost etwas einölen und die Spieße über starker Glut 10–15 Minuten unter häufigem Wenden grillen. Dabei mit etwas Sonnenblumenöl bestreichen. Mit dem Tomaten-Sambal, frischen Pappadums und nach Belieben mit etwas Chutney servieren.

Schaschlik stammt ursprünglich aus Georgien.

Schaschlikspieße

Für 4 Personen

650 g ausgelöste Lammkeule, in 2,5 cm große Würfel geschnitten
12 große Champignons
4 Scheiben durchwachsener Frühstücksspeck, halbiert
8–12 Kirschtomaten
1 große grüne Paprika, in Stücke geschnitten
frisches Baguette, zum Servieren

Marinade
4 EL Sonnenblumenöl
4 EL Zitronensaft
1 Zwiebel, fein gehackt
½ TL getrockneter Rosmarin
½ TL getrockneter Thymian
Salz und Pfeffer

Für die Marinade die Zutaten in einer großen Schüssel verrühren. Fleisch und Pilze zugeben und gut vermengen. Abdecken und bis zu 8 Stunden im Kühlschrank marinieren.

Den Grill vorheizen. Die Speckscheiben aufrollen. Fleisch und Pilze abtropfen lassen und die Marinade durch ein Sieb in eine Schüssel abseihen. 4 Metallspieße einölen. Speck, Fleisch, Pilze, Tomaten und Paprika abwechselnd auf die Spieße stecken.

Die Spieße über mittlerer Glut 10–15 Minuten unter häufigem Wenden grillen. Dabei mit der Marinade bestreichen. Auf 4 Teller verteilen und mit frischem Baguette servieren.

Herzhaft und fruchtig – einfach lecker

Normannische Spieße

Für 4 Personen

300 ml herber Cidre
1 EL frisch gehackter Salbei
6 schwarze Pfefferkörner, zerdrückt
500 g Schweinefilet, in 2,5 cm große Würfel geschnitten
2 Kochäpfel, in Spalten geschnitten
1 EL Sonnenblumenöl
frisches Bauernbrot, zum Servieren

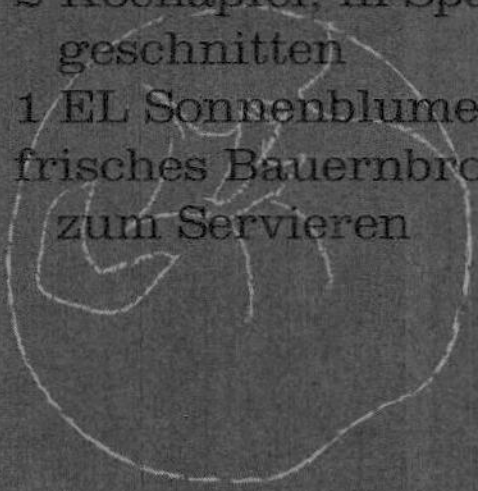

Cidre, Salbei und Pfeffer in einer großen Schüssel verrühren. Das Fleisch zugeben und gut vermengen. Abdecken und 1–2 Stunden im Kühlschrank marinieren.

Den Grill vorheizen. Die Fleischwürfel abtropfen lassen und die Marinade aufbewahren. Die Apfelspalten in der restlichen Marinade schwenken. 4 Metallspieße einölen und Fleischwürfel und Äpfel abwechselnd daraufstecken. Das Sonnenblumenöl in die Marinade rühren.

Die Spieße über mittlerer Glut 12–15 Minuten unter häufigem Wenden grillen. Dabei mit der Marinade bestreichen. Auf 4 Tellern anrichten und mit frischem Bauernbrot servieren.

Diese Spieße sind vor allem bei Kindern beliebt.

Hackbällchen-Spieße mit Salbei

Für 4 Personen

500 g Schweinehackfleisch
25 g frische Semmelbrösel
1 kleine Zwiebel, sehr fein gehackt
1 EL frisch gehackter Salbei
2 EL Apfelmus
¼ TL frisch geriebene Muskatnuss
Salz und Pfeffer
4–8 Holzspieße, 30 Minuten in kaltem Wasser eingeweicht

Zum Bestreichen
3 EL Olivenöl
1 EL Zitronensaft

Zum Servieren
gemischte Salatblätter
4 Pita-Brote
4 EL Naturjoghurt

Hackfleisch, Semmelbrösel, Zwiebel, Salbei, Apfelmus, Muskat, Salz und Pfeffer in eine Schüssel geben und sorgfältig vermengen.

Aus der Masse walnussgroße Kugeln formen. Auf einen Teller legen, abdecken und 30 Minuten im Kühlschrank ziehen lassen.

Die Hackbällchen mit etwas Abstand auf die Holzspieße stecken. Olivenöl und Zitronensaft in einer Schüssel verrühren.

Die Spieße über starker Glut 8–10 Minuten unter häufigem Wenden goldbraun grillen. Dabei mit dem Zitronenöl bestreichen.

Die Salatblätter auf die Pita-Brote verteilen. Jeweils 1 Esslöffel Joghurt und 1–2 Spieße darauflegen und servieren.

Zartes Hähnchenfleisch in Zitrusmarinade

Fruchtige Hähnchenspieße

Für 4 Personen

4 Hähnchenbrustfilets (à 175 g), in 2,5 cm große Würfel geschnitten
Zitronen- und Orangenzesten, zum Garnieren

Zitrusmarinade
fein abgeriebene Schale und Saft von einer ½ Zitrone
fein abgeriebene Schale und Saft von einer ½ Orange
2 EL Honig
2 EL Olivenöl
2 EL frisch gehackte Minze, plus etwas mehr zum Garnieren
¼ TL gemahlener Koriander
Salz und Pfeffer

Für die Marinade alle Zutaten in einer großen Schüssel verrühren. Das Fleisch zugeben und gut vermengen. Abdecken und bis zu 8 Stunden im Kühlschrank marinieren.

Den Grill vorheizen. Die Fleischwürfel abtropfen lassen und die Marinade aufbewahren. 4 lange Metallspieße einölen und die Fleischwürfel daraufstecken.

Die Spieße über mittlerer Glut 6–10 Minuten unter häufigem Wenden grillen. Dabei mit der Marinade bestreichen. Auf eine Servierplatte geben und mit Minze und Zitronen- und Orangenzesten garnieren. Sofort servieren.

Wunderbar aromatische Hähnchenspieße

Hähnchen-Satay

Für 4 Personen

4 Hähnchenbrustfilets (à 175 g), in 2,5 cm große Würfel geschnitten
8 Holzspieße, 30 Minuten in kaltem Wasser eingeweicht

Marinade

8 EL Erdnusscreme mit Stückchen
1 Zwiebel, grob gehackt
1 Knoblauchzehe, grob gehackt
2 EL schnittfeste Kokoscreme
4 EL Erdnussöl
1 TL helle Sojasauce
2 EL Limettensaft
2 frische rote Chillies, entkernt und gehackt
3 Kaffir-Limettenblätter, zerpflückt

Für die Marinade alle Zutaten in den Mixer geben, glatt pürieren und in eine große Schüssel füllen.

Die Fleischwürfel zugeben und sorgfältig vermengen. Abdecken und bis zu 8 Stunden im Kühlschrank marinieren.

Den Grill vorheizen. Das Fleisch aus der Marinade heben und diese aufbewahren. Die Fleischwürfel auf die Holzspieße stecken und über mittlerer Glut 10 Minuten unter häufigem Wenden grillen. Dabei mit der Marinade bestreichen. Auf einer Servierplatte anrichten und sofort servieren.

Puten-Gemüse-Spieße mit Korianderpesto

500 g Putenbrustfilet, in 5 cm große Würfel geschnitten
2 Zucchini, in Scheiben geschnitten
je 1 rote und 1 gelbe Paprika, in kleine Stücke geschnitten
8 Kirschtomaten
8 Perlzwiebeln
4 lange Holzspieße, 30 Minuten in kaltem Wasser eingeweicht

Marinade
6 EL Olivenöl
3 EL trockener Weißwein
1 TL grüne Pfefferkörner, zerdrückt
2 EL frisch gehackter Koriander
Salz

Korianderpesto
50 g frische Korianderblätter
20 g frische Petersilie
1 Knoblauchzehe
50 g Pinienkerne
25 g frisch geriebener Parmesan
6 EL natives Olivenöl extra
Saft von 1 Zitrone

Für die Marinade alle Zutaten in einer großen Schüssel verrühren. Das Fleisch zugeben und vermengen. Abdecken und 2 Stunden im Kühlschrank marinieren.

Den Grill vorheizen. Für den Pesto alle Zutaten in den Mixer geben und fein pürieren. In eine Schale füllen, abdecken und kalt stellen.

Die Fleischwürfel abtropfen lassen und die Marinade aufbewahren. Fleischwürfel, Zucchini, Paprika, Tomaten und Zwiebeln abwechselnd auf die Holzspieße stecken. Die Spieße über mittlerer Glut 10 Minuten unter häufigem Wenden grillen. Dabei mit der Marinade bestreichen. Mit dem Korianderpesto servieren.

Sie können auch anderes festes Weißfischfleisch für diese Spieße verwenden.

Karibische Fischspieße

Für 6 Personen

1 kg Schwertfischsteaks, in 2,5 cm große Würfel geschnitten
3 Zwiebeln, in Spalten geschnitten
6 Tomaten, geviertelt
6 lange Holzspieße, 30 Minuten in kaltem Wasser eingeweicht

Marinade
3 EL Olivenöl
3 EL Limettensaft
1 Knoblauchzehe, fein gehackt
1 TL Paprika
Salz und Pfeffer

Für die Marinade alle Zutaten in einer großen Schüssel verrühren. Die Fischwürfel zugeben und vorsichtig vermengen. Abdecken und 1 Stunde im Kühlschrank marinieren.

Den Grill vorheizen. Die Fischwürfel abtropfen lassen und die Marinade aufbewahren. Zwiebeln, Fischwürfel und Tomaten abwechselnd auf die Holzspieße stecken.

Die Spieße über mittlerer Glut 8–10 Minuten unter häufigem Wenden grillen. Dabei mit der Marinade bestreichen. Auf einer Servierplatte anrichten und sofort servieren.

Saftige Garnelen auf thailändische Art

Kokos-Garnelen-Spieße

Für 4 Personen

650 g große, rohe ausgelöste Garnelen
Zitronenspalten, zum Garnieren

Marinade
6 Frühlingszwiebeln, fein gehackt
400 ml Kokosmilch
fein abgeriebene Schale und Saft von 1 Limette
4 EL frisch gehackter Koriander, plus etwas mehr zum Garnieren
2 EL Maiskeim- oder Sonnenblumenöl
Salz und Pfeffer

Für die Marinade alle Zutaten in einer großen Schüssel verrühren. Die Garnelen zugeben und in der Marinade wenden. Abdecken und 1 Stunde im Kühlschrank marinieren.

Den Grill vorheizen. Die Garnelen abtropfen lassen und die Marinade aufbewahren. Die Garnelen auf lange Metallspieße stecken.

Die Spieße über mittlerer Glut 8 Minuten unter häufigem Wenden grillen, bis die Garnelen rosa sind. Dabei mit der Marinade bestreichen. Die Spieße auf 4 Teller verteilen, mit Zitronenspalten garnieren, mit Koriander bestreuen und sofort servieren.

Klassische Gemüsespieße mit fruchtiger Überraschung

Griechische Gemüsespieße

Für 4 Personen

2 Zwiebeln, in Spalten geschnitten
8 neue Kartoffeln, gut abgebürstet
Salz
1 Aubergine, in 8 Stücke geschnitten
1 rote Paprika, in 8 Stücke geschnitten
1 gelbe Paprika, in 8 Stücke geschnitten
8 dicke Scheiben Gurke
250 g Haloumi, in 8 Stücke geschnitten
2 Nektarinen, in Spalten geschnitten
8 kleine Champignons
2 EL Olivenöl
2 TL frisch gehackter Thymian
2 TL frisch gehackter Rosmarin
1 Portion Gurken-Joghurt-Dip (s. S. 180), zum Servieren

Den Grill vorheizen. Zwiebeln und Kartoffeln in einen Topf mit Salzwasser geben und 10 Minuten kochen. Mit einem Schaumlöffel aus dem Topf heben, abtropfen und abkühlen lassen. Auberginenstücke und Paprika in das kochende Wasser geben und 2 Minuten garen. Die Gurkenstücke zugeben und 1 Minute mitkochen. Abgießen, abtropfen und auskühlen lassen.

Gemüse, Käse, Nektarinen und Pilze in eine Schüssel geben. Olivenöl, Thymian und Rosmarin zufügen, gut vermengen und kurz ziehen lassen. Die Zutaten nun abwechselnd auf 4 lange Metallspieße stecken.

Die Spieße über starker Glut 15 Minuten unter häufigem Wenden grillen. Auf eine Servierplatte geben und mit dem Gurken-Joghurt-Dip servieren.

Diese Spieße machen nicht nur Vegetarier glücklich.

Gemüsespieße mit mariniertem Tofu

Für 4 Personen

350 g schnittfester Tofu, in 2,5 cm große Würfel geschnitten
1 rote Paprika, in 2,5 cm große Stücke geschnitten
1 gelbe Paprika, in 2,5 cm große Stücke geschnitten
2 Zucchini, in dünne Scheiben geschnitten
8 kleine Champignons
4 lange Holzspieße, 30 Minuten in kaltem Wasser eingeweicht

Marinade
abgeriebene Schale und Saft von ½ Zitrone
1 Knoblauchzehe, zerdrückt
½ TL frisch gehackter Rosmarin
½ TL frisch gehackter Thymian
1 EL Walnussöl

Zum Garnieren
Karotte, geraspelt
Zitronenspalten

Für die Marinade alle Zutaten in einer großen Schüssel verrühren. Den Tofu zugeben, gut vermengen und 20–30 Minuten marinieren.

Den Grill vorheizen. Die Paprika in einen Topf mit kochendem Salzwasser geben und 4 Minuten kochen. Abgießen, unter fließend kaltem Wasser abschrecken und abtropfen lassen.

Den Tofu abtropfen lassen und die Marinade aufbewahren. Tofu und Gemüse abwechselnd auf die Holzspieße stecken.

Die Spieße über mittlerer Glut 6 Minuten unter häufigem Wenden grillen. Dabei mit der Marinade bestreichen. Auf einen Servierteller geben, mit Karottenraspeln und Zitronenspalten garnieren und sofort servieren.

Beilagen & Saucen

Diese Kartoffeln schmecken nach mehr.

Knusprige Kartoffelschalen

Für 4–6 Personen

8 Ofenkartoffeln, abgebürstet
50 g Butter, zerlassen
Salz und Pfeffer

Füllung (nach Belieben)
6 Frühlingszwiebeln, gehackt
50 g Gruyère, gerieben
50 g Salami, in feine Streifen geschnitten

Den Backofen auf 200 °C vorheizen. Die Kartoffeln auf ein Backblech geben, mehrmals mit einer Gabel einstechen und 1 Stunde im Ofen backen, bis sie weich sind. Die Kartoffeln halbieren und mit einem Löffel ausschaben, sodass eine etwa 5 mm dicke Schale bleibt.

Den Grill vorheizen. Die Kartoffeln innen mit der Butter bestreichen.

Die Kartoffelschalen mit der Innenseite nach unten über mittlerer Glut 10 Minuten grillen. Wenden und weitere 5 Minuten grillen, bis sie knusprig sind. Mit Salz und Pfeffer würzen und servieren.

Nach Belieben können die Kartoffeln auch gefüllt werden. Dafür die Innenseiten der Kartoffeln 10 Minuten grillen, die Kartoffeln umdrehen, mit Frühlingszwiebeln, Käse und Salami füllen und weitere 5 Minuten grillen, bis der Käse schmilzt.

Gegrillte Kartoffeln schmecken einfach wunderbar.

Fächerkartoffeln

Für 6 Personen

6 große Kartoffeln, abgebürstet
1 Knoblauchzehe, fein gehackt
2 EL Olivenöl
Salz und Pfeffer

Den Grill vorheizen. Die Kartoffeln diagonal dünn und tief einschneiden. 6 große Quadrate Alufolie vorbereiten und die Kartoffeln in die Mitte setzen.

Knoblauch und Olivenöl mischen und die Kartoffeln großzügig damit bestreichen. Mit Salz und Pfeffer würzen und die Kartoffeln fest in die Folie einschlagen.

Über starker Glut 1 Stunde unter gelegentlichem Wenden grillen. Die Folien öffnen und die Kartoffeln mithilfe einer Gabel vorsichtig auffächern. Warm servieren.

Chili und Limette sorgen für den besonderen Kick.

Kürbis

mit Chili und Limette

Für 4 Personen

700 g Kürbis, geschält und in Spalten geschnitten
2 EL Sonnenblumenöl
25 g Butter
½ TL Chilisauce
abgeriebene Schale von 1 Limette
2 TL Limettensaft

Den Grill vorheizen. Den Kürbis halbieren und entkernen. Die Kerne abspülen und beiseitelegen. Das Kürbisfleisch in Spalten schneiden und schälen.

Sonnenblumenöl und Butter in einen großen Topf geben und unter Rühren zerlassen. Chilisauce, Limettenschale und -saft einrühren. Kürbis und Kürbiskerne zugeben und verrühren.

Die Kürbisspalten auf 4 große, doppelt gelegte Stücke Alufolie setzen, etwas Kürbiskernsud zugeben und gut einschlagen.

Die Kürbispäckchen über starker Glut 15–25 Minuten grillen, bis das Kürbisfleisch weich ist. Auf vorgewärmte Teller geben und noch in der Alufolie servieren.

Diese klassische Grillbeilage kommt in dieser Version auch vom Grill.

Knoblauchbaguette

Für 6 Personen

150 g weiche Butter
3 Knoblauchzehen, zerdrückt
2 EL frisch gehackte Petersilie
Pfeffer
1 großes oder 2 kleine frische Baguettes

Butter, Knoblauch, Petersilie und Pfeffer in einer Schüssel verrühren.

Das Baguette mehrmals der Länge nach einschneiden und die Knoblauchbutter in die Zwischenräume streichen. Das Baguette in ein großes Stück Alufolie einschlagen.

Den Grill vorheizen und das Baguette über starker Glut 10–15 Minuten grillen, bis die Butter ganz geschmolzen ist. Als Beilage servieren.

Knackiger Mais mit köstlicher Kräuterbutter

Maiskolben

Für 4 Personen

4 Zuckermaiskolben, mit Blättern
100 g weiche Butter
1 EL frisch gehackte Petersilie
1 TL frisch gehackter Schnittlauch
1 TL frisch gehackter Thymian
abgeriebene Schale von 1 Zitrone
Salz und Pfeffer

Den Grill vorheizen. Die Maiskolbenblätter nach unten klappen und die Fäden vom Maiskolben entfernen. Die Blätter wieder nach oben streichen und eventuell mit Küchengarn um den Kolben binden.

Die Maiskolben in einem großen Topf mit Salzwasser 5 Minuten garen. Abgießen und abtropfen lassen. Dann die Maiskolben über mittlerer Glut 20–30 Minuten unter häufigem Wenden grillen.

Butter, Kräuter und Zitronenschale in einer Schüssel verrühren und mit Salz und Pfeffer abschmecken. Die Maiskolben auf 4 Teller verteilen und die Blätter abziehen. Großzügig Kräuterbutter darübergeben und servieren.

Grillgemüse mit einem wunderbar cremigen Dip

Grillgemüse mit Pestocreme

Für 4 Personen

1 rote Zwiebel
1 Fenchel
4 Babyauberginen
4 Babyzucchini
1 orangefarbene Paprika
1 rote Paprika
2 Fleischtomaten
2 EL Olivenöl
Salz und Pfeffer
frisches Basilikum, zum Garnieren

Pestocreme
150 g Naturjoghurt
50 g frisches Basilikum
20 g Pinienkerne
1 Knoblauchzehe
1 Prise grobes Meersalz
25 g frisch geriebener Parmesan
50 ml natives Olivenöl extra

Den Grill vorheizen. Für die Pestocreme den Joghurt in eine Schüssel geben. Die übrigen Pestozutaten in einem Mörser zerdrücken und verrühren. 4 Esslöffel Pesto in den Joghurt rühren, die Schüssel abdecken und kalt stellen. Den übrigen Pesto anderweitig verwenden.

Zwiebel und Fenchel in Spalten schneiden. Auberginen und Zucchini in dicke Scheiben schneiden. Paprika in dicke Streifen schneiden. Die Tomaten halbieren. Das Gemüse mit dem Öl bestreichen und mit Salz und Pfeffer würzen.

Auberginen und Paprika über mittlerer Glut 3 Minuten grillen. Dann das restliche Gemüse zugeben und etwa 5–10 Minuten grillen, dabei regelmäßig mit dem restlichen Öl bestreichen. Auf eine Servierplatte geben, mit Basilikum garnieren und mit der Pestocreme servieren.

Verwenden Sie für dieses Gericht einfach Ihr Lieblingsgemüse.

Sommerliche Gemüsepäckchen

Für 4 Personen

1 kg gemischtes junges Gemüse, z. B. Karotten, grüner Spargel, Babymaiskolben, Kirschtomaten, Frühlings- oder Silberzwiebeln, Zucchini und Peperoni
Saft und abgeriebene Schale von 1 Zitrone
120 g weiche Butter
3 EL frisch gehackte gemischte Kräuter, z. B. Petersilie, Thymian, Schnittlauch und Kerbel
2 Knoblauchzehen
Salz und Pfeffer

Den Grill vorheizen. 4 Quadrate Alufolie mit einer Seitenlänge von 30 cm vorbereiten und das Gemüse darauf verteilen.

Zitronenschale, Butter, Kräuter, Knoblauch, Salz und Pfeffer in eine Schüssel geben und gut vermengen. Die Kräuterbutter in Flöckchen auf dem Gemüse verteilen. Die Alufolie um das Gemüse schlagen und die Päckchen fest verschließen.

Über mittlerer Glut 25–30 Minuten unter gelegentlichem Wenden grillen. Die Päckchen öffnen, mit dem Zitronensaft beträufeln und sofort servieren.

Reissalat einmal anders

Exotischer Reissalat

Für 4 Personen

120 g Langkornreis
Salz und Pfeffer
250 g Ananasstückchen aus der Dose
200 g Gemüsemais, abgetropft
2 rote Paprika, in kleine Stücke geschnitten
4 Frühlingszwiebeln, fein gehackt
3 EL Rosinen

Dressing
1 EL Erdnussöl
1 EL Haselnussöl
1 EL helle Sojasauce
1 Knoblauchzehe, fein gehackt
1 TL frisch geriebener Ingwer

Den Reis in einen Topf mit Salzwasser geben und 15 Minuten gar kochen. Abgießen, unter fließend kaltem Wasser abschrecken und abtropfen lassen. In eine große Salatschüssel füllen.

Die Ananasstücke abtropfen lassen und dabei den Saft auffangen. Ananas, Mais, Paprika, Frühlingszwiebeln und Rosinen mit dem Reis vermengen.

Für das Dressing alle Zutaten zusammen mit dem Ananassaft in einer Schüssel verrühren. Über den Salat gießen und gut vermengen. Sofort servieren.

Bereiten Sie diesen Salat einen Tag im Voraus zu, damit er gut durchziehen kann.

Taboulé

Für 4 Personen

175 g Bulgur
3 EL natives Olivenöl extra
4 EL Zitronensaft
Salz und Pfeffer
4 Frühlingszwiebeln, in dünne Scheiben geschnitten
1 grüne Paprika, in feine Streifen geschnitten
4 Tomaten, klein gewürfelt
2 EL frisch gehackte Petersilie
2 EL frisch gehackte Minze, plus ein paar Blätter zum Garnieren
8 entsteinte schwarze Oliven

Den Bulgur in eine große Schüssel füllen, mit kaltem Wasser bedecken und 30 Minuten quellen lassen, bis sich das Volumen verdoppelt hat. Abgießen, abtropfen lassen und mit den Händen das restliche Wasser herauspressen. Auf Küchenpapier ausbreiten und trocknen lassen.

Den Bulgur in eine große Salatschüssel füllen. Olivenöl, Zitronensaft, Salz und Pfeffer in einer Schüssel verrühren. Das Dressing über den Bulgur gießen und gut vermengen. Abdecken und 1 Stunde ziehen lassen.

Frühlingszwiebeln, Paprika, Tomaten und Kräuter unter den Bulgur heben. Die Oliven darauf verteilen, mit Minze garnieren und servieren.

Nudelsalat
mit Basilikum-Vinaigrette

Für 4 Personen

250 g getrocknete Fussili
Salz und Pfeffer
2 EL Pinienkerne
4 Tomaten, in Spalten geschnitten
25 g getrocknete Tomaten in Öl
50 g entsteinte schwarze Oliven, halbiert
2 EL frisch geriebener Parmesan
frisches Basilikum, zum Garnieren

Vinaigrette
15 g Basilikumblätter
1 Knoblauchzehe, zerdrückt
2 EL frisch geriebener Parmesan
4 EL natives Olivenöl extra
2 EL Zitronensaft

Die Pasta in einen großen Topf mit kochendem Salzwasser geben und 10–12 Minuten al dente kochen. Abgießen, unter fließend kaltem Wasser abschrecken und abtropfen lassen. In eine große Salatschüssel füllen.

Für die Vinaigrette alle Zutaten in den Mixer geben und fein pürieren. Die Pinienkerne in einer Pfanne kurz anrösten, bis sie goldbraun sind.

Frische und getrocknete Tomaten sowie Oliven unter die Pasta heben. Mit Parmesan und Pinienkernen bestreuen und mit Salz und Pfeffer abschmecken. Mit Basilikum garnieren und sofort servieren.

Der berühmte italienische Brotsalat

Panzanella

Für 4–6 Personen

250 g Ciabatta oder Baguette vom Vortag
4 große vollreife Tomaten
6 EL natives Olivenöl extra
4 rote oder gelbe Paprika, halbiert und entkernt
100 g Gurke, entkernt und klein gewürfelt
1 große rote Zwiebel, fein gehackt
8 Sardellenfilets in Öl, abgetropft und gehackt
2 EL Kapern, abgetropft
4 EL Rotweinessig
2 EL Balsamico-Essig
Salz und Pfeffer
frisches Basilikum, zum Garnieren

Das Brot in 2,5 cm große Würfel schneiden und in eine große Schüssel geben. Die Tomaten vierteln und den Saft dabei auffangen. Mit einem Teelöffel entkernen, das Fruchtfleisch klein würfeln und zu den Brotwürfeln geben.

Die Brotmischung mit 5 Esslöffeln Olivenöl und dem aufgefangenen Tomatensaft beträufeln. Gut vermengen und 30 Minuten ziehen lassen.

Den Backofengrill vorheizen. Die Paprika auf ein Backblech legen und 10 Minuten grillen, bis die Haut schwarz wird. In einen Gefrierbeutel geben, verschließen und abkühlen lassen. Dann die Paprika häuten und klein würfeln.

Gurke, Zwiebel, Paprika, Sardellenfilets und Kapern unter die Brotmischung heben. Mit Rotwein- und Balsamico-Essig beträufeln und mit Salz, Pfeffer und dem restlichen Olivenöl abschmecken. (Nicht zu viel Flüssigkeit verwenden, sonst weicht das Brot zu sehr auf!) Mit Basilikum garnieren und servieren.

Ein fruchtig erfrischender Salat

Spinat-Orangen-Salat

Für 4–6 Personen

250 g Babyspinat
2 große Orangen
½ rote Zwiebel, fein gehackt

Dressing
3 EL natives Olivenöl extra
2 EL frisch gepresster Orangensaft
2 TL Zitronensaft
1 TL Honig
½ TL körniger Senf
Salz und Pfeffer

Die Spinatblätter unter fließend kaltem Wasser waschen, zu harte Stiele abschneiden und große Blätter halbieren. Abtropfen lassen und in eine Salatschüssel füllen.

Die Orangen filetieren und zusammen mit der Zwiebel zum Spinat geben.

Für das Dressing alle Zutaten in einer kleinen Schüssel verrühren und über den Salat gießen. Gut vermengen und servieren.

Grüne Bohnen und Feta passen perfekt zueinander.

Bohnensalat mit Feta

Für 4 Personen

350 g grüne Bohnen, geputzt
1 rote Zwiebel, gehackt
3–4 EL frisch gehackter Koriander
2 Radieschen, in feine Scheiben geschnitten
75 g Feta, zerkrümelt
6 Kirschtomaten oder kleine Eiertomaten, geviertelt
1 TL frisch gehackter oder ½ TL getrockneter Oregano
Pfeffer
2 EL Rotwein- oder Obstessig
5 EL natives Olivenöl extra

Die Bohnen in einen Topf mit kochendem Salzwasser geben und 10 Minuten bissfest garen. Abgießen, mit fließend kaltem Wasser abschrecken und abtropfen lassen.

Die Bohnen in eine Schüssel füllen und mit Zwiebel, Koriander, Radieschen, Feta und Tomaten vermengen.

Oregano, Pfeffer, Essig und Öl in einer kleinen Schüssel verrühren, über den Salat gießen und vermengen. Kurz ziehen lassen und servieren.

Die perfekte Beilage zu Gegrilltem

Kartoffelsalat

Für 4 Personen

700 g kleine neue Kartoffeln
8 Frühlingszwiebeln, diagonal in Ringe geschnitten
1 hart gekochtes Ei, klein gewürfelt
250 ml Mayonnaise
1 TL Paprikapulver
Salz und Pfeffer

Zum Garnieren
2 EL frisch gehackter Schnittlauch
1 Prise Paprikapulver

Die Kartoffeln in einen großen Topf mit kochendem Salzwasser geben und 10–15 Minuten gar kochen. Abgießen, unter fließend kaltem Wasser abschrecken und abtropfen lassen.

Die Kartoffeln in eine große Salatschüssel geben. Frühlingszwiebeln und Ei zugeben und vermengen.

Mayonnaise und Paprika in einer Schale verrühren und mit Salz und Pfeffer abschmecken. Über die Kartoffeln geben und vermengen. Abdecken und kurz im Kühlschrank ziehen lassen.

Den Salat mit Schnittlauch und Paprika bestreuen und servieren.

Die amerikanische Version unseres Krautsalats

Coleslaw

Für 10–12 Personen

1 mittelgroßer Weißkohl
4 Karotten, geraspelt
1 grüne Paprika, in feine Streifen geschnitten

Dressing
150 ml Mayonnaise
150 g fettarmer Naturjoghurt
1 Spritzer Tabasco
Salz und Pfeffer

Für das Dressing alle Zutaten in einer Schüssel verrühren.

Den Kohlkopf vierteln und den Strunk entfernen. Nun den Kohl fein hobeln, unter fließend kaltem Wasser abbrausen und abtropfen lassen.

Kohl, Karotte und Paprika in eine große Schüssel geben. Das Dressing darübergießen und gut vermengen. Abdecken und kurz im Kühlschrank ziehen lassen. Als Beilage servieren.

Selbst gemachte Mayonnaise schmeckt viel besser als gekaufte.

Mayonnaise

Ergibt etwa 300 g

2 große Eigelb
2 TL Dijon-Senf
¾ TL Salz
weißer Pfeffer
2 EL Zitronensaft oder
Weißweinessig
300 ml Sonnenblumenöl

Achten Sie darauf, dass alle Zutaten vor der Zubereitung Zimmertemperatur haben. Eigelb, Senf, Salz und Pfeffer in der Küchenmaschine verquirlen. Dann den Zitronensaft unterrühren.

Unter Rühren das Öl tropfenweise zugießen, bis die Creme etwas andickt. Mit Salz und Pfeffer abschmecken. (Sollte die Mayonnaise zu dick sein, vorsichtig 1 Esslöffel heißes Wasser, Sahne oder Zitronensaft unterrühren.)

Sofort servieren oder in einem luftdicht schließenden Gefäß bis zu 1 Woche im Kühlschrank aufbewahren.

Die mit Knoblauch verfeinerte Version der klassischen Mayonnaise

Aïoli

Ergibt etwa 250 g

3 große Knoblauchzehen, fein gehackt
2 Eigelb
225 ml natives Olivenöl extra
1 EL Zitronensaft
1 EL Limettensaft
1 EL Dijon-Senf
1 EL frisch gehackter Estragon, plus etwas mehr zum Garnieren
Salz und Pfeffer

Achten Sie darauf, dass alle Zutaten vor der Zubereitung Zimmertemperatur haben. Knoblauch und Eigelb in der Küchenmaschine verquirlen. Unter Rühren das Öl teelöffelweise zugeben, bis die Masse andickt.

Zitronen- und Limettensaft, Senf und Estragon vorsichtig unterrühren. Mit Salz und Pfeffer abschmecken. In eine Schüssel füllen und mit Estragon garnieren. Sofort servieren.

Ein leichter und erfrischender Dip

Gurken-Joghurt-Dip

Für 4 Personen

1 kleine Gurke
300 g Naturjoghurt
1 große Knoblauchzehe, zerdrückt
1 EL frisch gehackte Minze oder Dill
Salz und Pfeffer
warmes Pita-Brot, zum Servieren

Die Gurke raspeln, in ein Haarsieb geben und so viel Wasser wie möglich auspressen. Die Gurkenraspeln in eine Schüssel füllen.

Joghurt, Knoblauch und Minze zugeben und gut verrühren. Mit Salz und Pfeffer abschmecken, abdecken und 2 Stunden im Kühlschrank ziehen lassen.

Den Dip vor dem Servieren umrühren und in eine Servierschale füllen. Mit Pfeffer bestreuen und mit warmem Pita-Brot servieren.

Ein sehr gesunder und allseits beliebter Dip

Kichererbsen-Sesam-Dip

Für 8 Personen

250 g Kichererbsen, über Nacht in kaltem Wasser eingeweicht
Saft von 2 großen Zitronen
150 g Tahini (Sesampaste)
2 Knoblauchzehen, zerdrückt
4 EL natives Olivenöl extra
1 Prise gemahlener Kreuzkümmel
Salz und Pfeffer
Pita-Brot, zum Servieren

Zum Garnieren
1 TL Paprikapulver
frisch gehackte glatte Petersilie

Die Kichererbsen abtropfen lassen und in einen Topf geben. Mit kaltem Wasser bedecken und zum Kochen bringen. Den Topf abdecken und etwa 2 Stunden köcheln lassen, bis die Kichererbsen sehr weich sind.

Die Kichererbsen abtropfen lassen und dabei etwas Kochwasser auffangen. Einige Kichererbsen zum Garnieren beiseitelegen und die übrigen in den Mixer geben und pürieren. Unter Rühren nach und nach den Zitronensaft und so viel von dem Kochwasser einarbeiten, bis eine glatte cremige Masse entsteht. Tahini, Knoblauch, 3 Esslöffel Olivenöl und Kreuzkümmel unterrühren. Mit Salz und Pfeffer abschmecken.

Den Dip in eine Schüssel füllen, abdecken und 2–3 Stunden im Kühlschrank ziehen lassen. Das restliche Olivenöl mit dem Paprikapulver verrühren und über den Dip träufeln. Mit Petersilie und den zurückbehaltenen Kichererbsen garnieren und mit warmem Pita-Brot servieren.

Die berühmte mexikanische Avocadocreme

Guacamole

Für 4 Personen

2 große vollreife Avocados
Saft von 1 Limette
2 TL Olivenöl
½ Zwiebel, fein gehackt
1 frische grüne Chili, z. B. Poblano, entkernt und fein gehackt
1 Knoblauchzehe, zerdrückt
¼ TL gemahlener Kreuzkümmel
1 EL frisch gehackter Koriander
Salz und Pfeffer
Tortilla-Chips, zum Servieren
frischer Dill oder Koriander, zum Garnieren

Die Avocados halbieren und den Stein entfernen. Schälen und das Fruchtfleisch klein würfeln. Sofort mit Limettensaft und Öl beträufeln.

Das Fruchtfleisch mit einer Gabel zerdrücken oder im Mixer pürieren, bis die gewünschte Konsistenz erreicht ist. Zwiebel, Chili, Knoblauch, Kreuzkümmel und Koriander unterrühren. Mit Salz und Pfeffer abschmecken.

In Schalen umfüllen, mit Dill oder Koriander garnieren und sofort mit Tortilla-Chips servieren.

Eine klassische aromatische Salsa

Tomaten-Salsa

Für 6 Personen

450 g feste vollreife Tomaten, klein gewürfelt
1 frische Jalapeño-Chili, entkernt und fein gehackt
2 TL natives Olivenöl extra
1 Knoblauchzehe, zerdrückt
abgeriebene Schale und Saft von 1 Limette
1 Prise Zucker
4 EL frisch gehackter Koriander, plus einige Blätter zum Garnieren
Salz und Pfeffer

Alle Zutaten in eine Schüssel geben und gut vermengen. Die Schüssel abdecken und 30 Minuten bei Zimmertemperatur ziehen lassen. Mit Koriander garnieren und servieren.

Die Salsa kann 2–3 Tage im Kühlschrank aufbewahrt werden. Sie sollte dann 1 Stunde vor dem Servieren aus dem Kühlschrank genommen werden.

Schmeckt besonders gut zu Burgern und Fleisch.

Paprika-Relish

Für 6–8 Personen

je 1 gelbe, rote und grüne Paprika
1 EL natives Olivenöl extra
½ TL brauner Zucker
1 TL Balsamico-Essig
¼ TL Salz
¼ TL Paprikapulver

Den Backofengrill vorheizen. Die Paprika auf den Rost legen und unter häufigem Wenden 15 Minuten grillen, bis die Haut schwarz wird.

Die Paprika in eine große Schüssel geben, mit einem sauberen Geschirrtuch abdecken und mindestens 2 Stunden oder über Nacht auskühlen lassen.

Die erkalteten Paprika über einer Schüssel häuten, um den Saft aufzufangen. Entkernen und das Fruchtfleisch in sehr kleine Würfel schneiden.

Die Paprikawürfel zu dem aufgefangenen Saft geben. Öl, Zucker, Essig, Salz und Paprikapulver zugeben und gut vermengen. Sofort servieren. In einem luftdicht verschlossenen Gefäß lässt sich das Relish etwa 4–5 Tage im Kühlschrank aufbewahren.

Selbst gemacht schmeckt sie doppelt so gut.

Tomatensauce

Ergibt etwa 500 ml

1 EL Butter
2 EL Olivenöl
1 Zwiebel, gehackt
1 Knoblauchzehe, fein gehackt
400 g geschälte Tomaten aus der Dose oder 500 g frische Tomaten, gehäutet
1 EL Tomatenmark
100 ml Rotwein
150 ml Gemüsebrühe
½ TL Zucker
1 Lorbeerblatt
Salz und Pfeffer

Butter und Öl in einem großen Topf zerlassen und Zwiebel und Knoblauch 5 Minuten darin andünsten, bis die Zwiebel zu bräunen beginnt.

Die restlichen Zutaten in den Topf geben, mit Salz und Pfeffer würzen und zum Kochen bringen. Die Hitze auf geringste Stufe reduzieren und unter gelegentlichem Rühren 30 Minuten köcheln lassen, bis die Sauce etwas andickt.

Das Lorbeerblatt entfernen. Die Sauce im Mixer oder mit dem Pürierstab glatt pürieren.

In den Topf zurückgeben und ein paar Minuten kochen lassen. Sofort servieren. In einem luftdicht verschlossenen Gefäß lässt sich die Sauce im Kühlschrank ein paar Tage aufbewahren.

Diese würzige Grillsauce gehört auf jede Grillparty.

Barbecue-Sauce

Für 4 Personen

2 EL Sonnenblumenöl
1 große Zwiebel, gehackt
2 Knoblauchzehen, gehackt
250 g gehackte Tomaten aus der Dose
1 EL Worcestersauce
2 EL Fruity Brown Sauce (erhältlich in allen gut sortierten Supermärkten)
2 EL heller Muskovado-Zucker
4 EL Weißweinessig
½ TL mildes Chilipulver
¼ TL Senfpulver
1 Spritzer Tabasco-Sauce
Salz und Pfeffer
gegrillte Würstchen oder Burger, zum Servieren

Das Öl in einem Topf erhitzen und Zwiebel und Knoblauch darin etwas anbräunen.

Die übrigen Zutaten zugeben und zum Kochen bringen. Die Hitze reduzieren und 10–15 Minuten unter gelegentlichem Rühren köcheln lassen, bis die Sauce etwas andickt. Vom Herd nehmen und in eine Schüssel füllen.

Warm oder kalt zu Grillwürstchen oder Burgern servieren.

Desserts & Getränke

Obstspieße mit Karamellsauce

Für 4 Personen

2 Äpfel, entkernt und in Spalten geschnitten
2 feste Birnen, entkernt und in Spalten geschnitten
Saft von einer ½ Zitrone
25 g heller Muskovado-Zucker
¼ TL gemahlener Piment
Holzspieße, 30 Minuten in kaltem Wasser eingeweicht
25 g Butter, zerlassen

Sauce
125 g Butter
100 g heller Muskovado-Zucker
6 EL Schlagsahne

Den Grill vorheizen. Apfel- und Birnenspalten im Zitronensaft wenden. Zucker und Piment vermengen und das Obst damit bestreuen. Nun Apfel- und Birnenspalten abwechselnd auf die Holzspieße stecken.

Für die Karamellsauce Butter und Zucker in einen Topf geben und rühren, bis sich der Zucker aufgelöst hat. Die Sahne unterrühren und 1–2 Minuten kochen. Vom Herd nehmen und etwas abkühlen lassen.

Die Obstspieße über starker Glut 5 Minuten unter regelmäßigem Wenden grillen, bis das Obst weich ist. Dabei häufig mit der Butter bestreichen. Die Spieße auf Teller verteilen und mit der warmen Karamellsauce servieren.

Bananen schmecken gegrillt einfach köstlich.

Schokoladen-Rum-Bananen

Für 4 Personen

1 EL Butter
4 große Bananen
250 g Vollmilchschokolade, geraspelt
2 EL Rum
Schlagsahne, Mascarpone oder Vanilleeis, zum Servieren
geriebene Muskatnuss, zum Garnieren

Den Grill vorheizen. Vier Quadrate Alufolie mit einer Seitenlänge von 25 cm zurechtschneiden und mit Butter bestreichen.

Die Bananenschalen an einer Stelle so weit abziehen, dass die Schokoladenraspel auf die Bananen gestreut werden können. Dann die Schalen wieder gut an die Bananen drücken.

Die Bananen in die Alufolien einschlagen und über starker Glut 5–10 Minuten grillen. Die Bananen aus den Folien wickeln, auf Teller verteilen und an einer Stelle die Schale wieder abziehen. Etwas Rum über die Bananen träufeln.

Schlagsahne, Mascarpone oder Vanilleeis neben den Bananen anrichten, mit etwas geriebener Muskatnuss bestäuben und servieren.

Der Pfirsich auf dem Grill – ein unvergleichliches Aroma

Mascarpone-Pfirsiche

Für 4 Personen

175 g Mascarpone
40 g Pekan- oder Walnusskerne, gehackt
4 Pfirsiche, halbiert und entsteint
1 TL Sonnenblumenöl
4 EL Ahornsirup

Mascarpone und Nüsse in einer Schale sorgfältig verrühren und bis zum Gebrauch im Kühlschrank aufbewahren.

Den Grill vorheizen. Die Pfirsichhälften mit etwas Sonnenblumenöl bestreichen und über mittlerer Glut 5–10 Minuten grillen. Dabei einmal wenden.

Die Pfirsichhälften auf Teller verteilen und etwas Mascarpone-Nuss-Creme daraufgeben. Mit dem Ahornsirup beträufeln und sofort servieren.

Frische Ananas und Rum wecken karibische Sommergefühle.

Gegrillte Ananas

Für 4 Personen

1 Ananas
3 EL brauner Rum
2 EL Muskovado-Zucker
1 TL gemahlener Ingwer
4 EL Butter, zerlassen

Den Grill vorheizen. Den Blattansatz der Ananas abschneiden und die Frucht in 2 cm dicke Scheiben schneiden. Die Scheiben schälen und die „Augen“ mit einem kleinen spitzen Messer herausschneiden. Den harten Strunk in der Mitte mit einem Fruchtentkerner oder einer runden Ausstechform herauslösen.

Rum, Zucker, Ingwer und Butter in einer Schale verrühren, bis sich der Zucker aufgelöst hat. Die Ananasringe damit bestreichen.

Die Ananasringe über starker Glut von jeder Seite 3–4 Minuten grillen. Auf Teller verteilen, mit der restlichen Rummischung bestreichen und sofort servieren.

Warme Feigen mit Frischkäse und Zimt

Gefüllte Feigen

Für 4 Personen

8 frische Feigen
100 g Frischkäse
1 TL gemahlener Zimt
3 EL brauner Zucker
Naturjoghurt, Schlagsahne, Mascarpone oder Eiscreme, zum Servieren

Acht Stücke Alufolie mit einer Seitenlänge von 18 cm zurechtschneiden. Die Feigen oben kreuzweise einschneiden und jeweils auf ein Stück Alufolie setzen.

Frischkäse und Zimt in einer Schale verrühren. Die Feigen mit dem Frischkäse füllen und mit je 1 Teelöffel Zucker bestreuen. Dann sorgfältig in die Alufolie einschlagen.

Die Feigenpäckchen über starker Glut etwa 10 Minuten unter häufigem Wenden grillen.

Die Feigen auf Teller verteilen und sofort mit Joghurt, Schlagsahne, Mascarpone oder Eiscreme servieren.

Der gelungene Abschluss eines Grillmenüs

Panettone mit Mascarpone und Erdbeeren

Für 4 Personen

250 g Erdbeeren, geputzt
25 g Zucker
6 EL Marsala
½ TL gemahlener Zimt
4 Scheiben Panettone
4 EL Mascarpone

Die Erdbeeren in Scheiben schneiden und in eine Schüssel geben. Zucker, Marsala und Zimt zugeben und vorsichtig vermengen. Die Schüssel abdecken und 30 Minuten im Kühlschrank ziehen lassen.

Den Grill vorheizen. Die Panettone-Scheiben auf den Grillrost legen und über mittlerer Glut 1 Minute von jeder Seite grillen.

Die Panettone-Scheiben auf 4 Teller verteilen. Je 1 Esslöffel Mascarpone und einige marinierte Erdbeeren danebensetzen. Sofort servieren.

Fruchtstücke in einer süßen Honigmarinade

Bunte Fruchtspieße

Für 4 Personen

2 Nektarinen, halbiert und entsteint
1 Mango, geschält und entkernt
2 Bananen, geschält und in dicke Scheiben geschnitten
8 Erdbeeren, geputzt
2 Kiwis, geschält und geviertelt
4 rote Pflaumen, halbiert und entsteint
2 EL Honig
5 EL Cointreau
Holzspieße, 30 Minuten in kaltem Wasser eingeweicht

Die Nektarinen- und Mangohälften in Spalten schneiden und zusammen mit dem restlichen Obst in eine Schüssel geben.

Honig und Cointreau in einer kleinen Schüssel verrühren und über die Früchte gießen. Vorsichtig vermengen, die Schüssel abdecken und 1 Stunde im Kühlschrank marinieren.

Den Grill vorheizen. Die Früchte abtropfen lassen und die Marinade aufbewahren. Die Fruchtstücke abwechselnd auf die Holzspieße stecken. Über mittlerer Glut 5–7 Minuten unter regelmäßigem Wenden grillen. Dabei regelmäßig mit der Marinade bestreichen. Sofort servieren.

Diese hausgemachte Limonade wird Sie begeistern.

Erfrischende Limonade

Ergibt 1,2 Liter

- 4 große unbehandelte Zitronen
- 175 g Zucker
- 850 ml kochendes Wasser
- Eiswürfel, zum Servieren

Die Zitronen unter heißem Wasser abbürsten und trocken reiben. Die Schale von 3 Zitronen sehr dünn mit einem Sparschäler abschälen, in einen großen Krug geben und den Zucker darüberstreuen. Mit kochendem Wasser aufgießen und sorgfältig verrühren, bis sich der Zucker aufgelöst hat. Den Krug abdecken und mindestens 3 Stunden unter gelegentlichem Rühren ziehen und abkühlen lassen. Den Saft der 3 Zitronen auspressen.

Die Zitronenschale aus der Limonade nehmen und den Zitronensaft unterrühren. Die vierte Zitrone längs halbieren und in feine Scheiben schneiden. Mit den Eiswürfeln in die Limonade geben und servieren.

Die alkoholfreie Version der berühmten spanischen Bowle

Sangria

Ergibt 2 Liter

1,5 l roter Traubensaft
300 ml Orangensaft
75 ml Cranberrysaft
50 ml Zitronensaft
50 ml Limettensaft
100 ml Leuterzucker
Eiswürfel, zum Servieren

Zum Garnieren
Zitronenscheiben
Orangenscheiben
Limettenscheiben

Säfte und Leuterzucker in eine gekühlte große Schüssel füllen und gut verrühren.

Eiswürfel, Zitronen-, Orangen- und Limettenscheiben zugeben und servieren.

Die ideale Erfrischung für heiße Sommertage

Orangen-Limetten-Eistee

Für 2 Personen

300 ml Wasser
2 Beutel Schwarztee
100 ml Orangensaft
4 EL Limettensaft
1–2 EL brauner Zucker
8 Eiswürfel

Zum Garnieren
Zucker
1 Limettenspalte
frische Orangen-, Zitronen- oder Limettenspalten

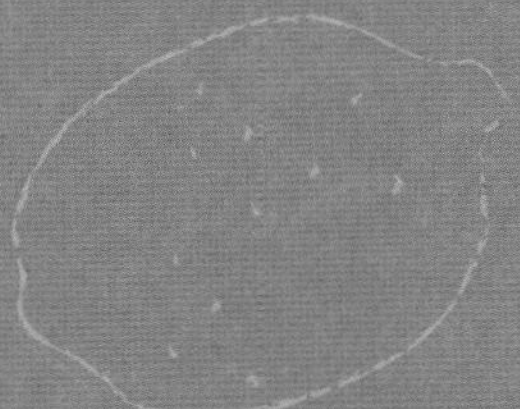

Das Wasser in einen Topf geben und zum Kochen bringen. Den Topf vom Herd nehmen, die Teebeutel hineinhängen und 5 Minuten ziehen lassen. Die Teebeutel herausnehmen und den Tee auf Zimmertemperatur abkühlen lassen (dauert etwa 30 Minuten). In einen Krug füllen, abdecken und mindestens 45 Minuten im Kühlschrank kühlen.

Orangen- und Limettensaft und Zucker unterrühren.

Für die Garnierung etwas Zucker auf einem Teller verteilen. Die Ränder von 2 Gläsern mit der Limettenspalte abreiben und in den Zucker tauchen. Die Eiswürfel in die Gläser füllen und mit dem kalten Tee aufgießen. Mit frischen Orangen-, Zitronen- und Limettenscheiben garnieren und servieren.

Ein fruchtiger Cocktail – nur für Erwachsene

Singapore Sling

Für 1 Person

6–8 gestoßene Eiswürfel
4 cl Gin
2 cl Cherry Brandy
2 cl Zitronensaft
1 TL Grenadine
Sodawasser, zum Auffüllen

Zum Garnieren
1 Limettenschalen-spirale
1–2 Cocktailkirschen

Die Hälfte der Eiswürfel, Gin, Brandy, Zitronensaft und Grenadine in einen Cocktailshaker geben und kräftig schütteln.

Ein gekühltes Highball-Glas mit dem restlichen gestoßenen Eis füllen und den Cocktail darüber abseihen. Mit Sodawasser auffüllen. Mit Limettenzesten und Cocktailkirschen garnieren und servieren.

Der Klassiker aus Tequila, Triple Sec und Limettensaft

Margarita

Für 1 Person

grobes Salz
1 Limettenspalte
4–6 gestoßene Eiswürfel
6 cl weißer Tequila
2 cl Triple Sec
4 cl Limettensaft
1 Limettenscheibe, zum Garnieren

Das Salz auf einem Teller verteilen. Den Rand eines gekühlten Cocktailglases mit der Limettenspalte abreiben und in das Salz tauchen.

Das Eis in einen Cocktailshaker füllen. Tequila, Triple Sec und Limettensaft darübergießen und kräftig schütteln.

Den Cocktail in das vorbereitete Glas abseihen, mit einer Limettenscheibe garnieren und servieren.

Ein erfrischender Drink mit viel Minze

Club Mojito

Für 1 Person

1 TL Sirop de Gomme
frische Minzeblätter
Saft von einer ½ Limette
Eiswürfel
4 cl Jamaika-Rum
Sodawasser, zum Auffüllen
1 Spritzer Angostura

Sirup, Minzeblätter und Limettensaft in ein Highball-Glas füllen und die Minzeblätter mit einem Stößel zerdrücken.

Eis und Rum zugießen und mit Sodawasser auffüllen. Einen Spritzer Angostura zugeben und servieren.

Register